金融庁戦記

企業監視官・佐々木清隆の事件簿

大鹿靖明

金融庁戦記

企業監視官・佐々木清隆の事件簿

金融庁戦記　目次

オビ写真撮影　森清
デザイン　アルビレオ

序章

エリートが輝いていたころ

深夜まで電気の消えることのない東京・霞が関の大蔵省外観
（1982年5月撮影、共同通信社提供）

霞が関のジローラモ

佐々木清隆《ささききよたか》は霞が関の官庁街では、ちょっと知られた存在だった。ジムで鍛えて胸板が厚く、肌は赤銅色に焼けている。シャツは派手なストライプ柄か、カラフルなものを着こなし、ピンクやパープルのネクタイを締める。頭髪は短く刈り込んだうえ、頭頂部だけ厚みを持たせた独特のスタイルである。

地味な安物スーツに身を包み、服装に無頓着な男子が多い霞が関にあって、そのいでたちには明らかに主張がある。見た目はルパン三世か、それとも銭形警部か。中年男性ファッション誌「レオン」の表紙を飾るイタリア人タレント、パンツェッタ・ジローラモのようにも見え、ついた渾名《あだな》は「ジローラモ」である。

「『ちょいワルおやじ』って、ずいぶんからかわれましたよ。でも、私が着ているのは、別にブランド品じゃないですよ。安物ですから」。そんな渾名がつくことを、さして嫌がる風でもない。黒衣《くろご》に徹して目立つのを嫌う官僚の世界では、異色なのである。

その彼は、歩んだ官僚人生も異色だった。

東大法学部を卒業し、一九八三年に大蔵省に入省。経済協力開発機構（ＯＥＣＤ）に二度出向してパリ生活を堪能し、国際通貨基金（ＩＭＦ）に派遣されてワシントンでも働いた。海外生活は約十年。ここまでならば、大蔵官僚の世界を知らぬ人は、きっと絵に描いたようなエリートコースを歩んだように思うだろう。

しかし、それ以外の多くの時間は、大蔵省金融検査部管理課課長補佐、証券取引等監視委員会特別調査課長、公認会計士・監査審査会事務局長など、検査や調査、審査の部署ばかりで過ごすことになった。

ありていに言えば、問題企業の監視と不正の摘発、そして再発防止策の立案である。その期間はざっと二十年に及ぶ。国家予算を編成する主計局や、税制をつかさどる主税局の勤務が「格上」とみなされる旧大蔵省の風土の中では、その歩んだ道は明らかに傍流であった。「だんだん外れちゃって、まぁ、主流ではないですね」。だが、二〇一九年七月、金融庁総合政策局長のポストを最後に三十六年間の官僚人生を終えたとき、振り返ってこう思った。「これだけ経済事件にかかわってきた人間もいないのではないか」と。

損失補塡など証券不祥事。山一証券の破綻の陰にいたクレディ・スイスなど外資系証券会社の不正行為。カネボウやオリンパス、そして東芝の粉飾決算事件。ライブドアと村上ファンドの六本木ヒルズ族の事件。さらには株取引の魑魅魍魎《ちみもうりょう》が群がった様々な不公正ファイナンス事件や仮想通貨の不正流出……。その歩みは見事なまでに平成経済事件史と重なる。佐々木は大蔵キャリアとしては珍しく、企業犯罪に対峙し、常に新しい事件を解決する役回りを担ってきた。その点でいえば、ルパンというよりもむしろ、怪盗を永遠に追いかける銭形警部なのである。

本書は、佐々木清隆の半生と彼のかかわった経済事件の記録である。

上を向いて歩こう

東京・足立区の千住《せんじゅ》は古くからの交通の要衝で、日光街道の初宿となる宿場町だった。日本が敗戦の衝撃から立ち直り、高度成長に突入していた一九六一年、佐々木は、この東京の下町に生まれた。父は営団地下鉄の職員。母は専業主婦のかたわら内職で家計を助けた。

坂本九の歌う「上を向いて歩こう」が街に溢れたこの時代、木造二階建ての家屋が密集する千住の路地から空を見上げれば、地域の象徴だった東京電力千住火力発電所の四本の煙突、通称「お化けエントツ」の威容が見えた。佐々木が三歳のときに煙突は解体され、後に入学した区立小学校の校庭には、煙突を輪切りにして作られた滑り台があった。

成績が良かった佐々木は小六の二学期になって突然、中学受験のための進学塾、四谷大塚進学教室に通わせられることになった。東京の塾ブームは、戦後のベビーブーマーが高校受験する六三年ごろにまず中学生を対象に始まり、七一、七二年ごろからは「東大をねらうなら中学受験から」と小学生に対象が広がった(＊1)。佐々木の両親は高卒だったため、我が子に学歴をつけさせたい気持ちがあったのだろう。

敗戦後、華族制度が廃止され、財閥が解体され、農地改革が行われた日本は、門閥や社会的な身分が依然としてモノを言う欧州諸国とは異なり、比較的「機会均等」な社会となり、中央省庁や大企業でエリートの道を歩むには、東大を頂点とする名門大学を卒業すればよかった。東大に入るには、中高六年一貫教育を売り物にする難関校に進学するのが近道で、そのためにはまず小学校の高学年のうちから中学受験対策をする塾に通う。こんな風潮が首都圏で広まった。

佐々木が塾に行かされたのは、小学生相手の進学塾が盛んになり始めた時期と重なる。

「といっても、北千住から中学受験をさせようなんていう家はまだ極めて珍しくて。ウチの場合は、親がどこからか聞きつけてきたらしくて、急に『行きなさい』ということになったんです。でも六年生の二学期からじゃ、遅いですよね」

にわか勉強では歯が立たず、志望校の国立や名門私立には落ち、受かったのは池袋の立教中学校だった。

木造住宅が連なる千住から電車を乗り継いで辿り着く池袋の立教は、少年には別世界であった。向かいの立教大には蔦が絡まる煉瓦造りの歴史的建造物の校舎が並び、中学には「チャプレン」と呼ばれるキリスト教の聖職者がいて宗教教育や礼拝の時間がある。

「下町の小学校から行ったのでインターナショナルな雰囲気にびっくりして、英語の先生もネイティブの、確かカナダの方でした」

軽井沢にある立教の山荘に林間学校に出かけて、そのときに初めて軽井沢という別荘地があることを知った。LL教室にはソニー製の最新鋭の機械が導入され、ブースに仕切られた席に座る生徒たちはヘッドセットをつけて英語を聞き取り発声する。万事ハイカラで先進的。そんな環境のおかげで英語が好きになり、ESS部に所属した。「チャペルで礼拝したりして雰囲気が洒落ていて、当時からいずれ海外に行きたいなと思いましたよ」。後に海外に勤務し、外国生活を楽しむようになる下地は、立教でつくられた。両親は「そのまま大学まで立教で」という気持ちだったようだが、本人は「お坊ちゃん」ばかりの学校にいまひとつ馴染めない。

「中小企業の経営者の息子が多くて、学校を出たら後を継ぐという感覚でした。みんな遊んでばかりいることにも違和感がありました」

高校は他校に進むことを考え、開成高校を受験して合格した。

開成は立教とは大違いだった。

家族的で面倒見がいい立教に対して、開成はほったらかし。校内の施設が新しく暖房もある立教に対して、開成は老朽校舎。窓ガラスは割れたままで、寒風が吹きすさぶ真冬はコートを着て授業を受けるありさまだった。大学の一般教養レベルの古文や漢文の授業にも面食らった。

なによりも一学年四百人のうち上位百人の点数一覧表を「百傑」と称して藁半紙に印刷して配るので、誰がどの程度の学力か一目瞭然となってしまう。中学校から開成に入学している生徒は一年先に授業が進んでいて、高一の段階で高二の学習内容に取り組んでいるものだから、高校から入ってきた佐々木は到底かなわない。だから「ともかく高一のときは一生で一番勉強しました。朝起きて勉強して、学校から帰ってきたらちょっと寝て、また勉強」と、勉強漬けの日々を送ることになった。

その甲斐あって、定期試験とは別にある実力テストでは上位につけた。高校の三年間に七、八回あった実力テストは一回目で十位以内に入り、後には学年一位を取ったこともある。同級生の堀江重郎（順天堂大教授）は「佐々木君は常にトップクラスでした。立教仕込みなのか、それとも、もって生まれた才能なのか、英語は屈指の成績でした」という。堀江によれば、「ちょいワルおやじ」になるずっと以前の、当時の佐々木少年の風貌は、「色白のジャニーズ系の美少年」だったそうだ（＊2）。

佐々木が高二の七七年、同学年の生徒の家庭内暴力が激しくなり、悲観した父親が我が子を絞殺する「開成高校生殺人事件」が起き、世間に大きな衝撃を与えた。学歴社会を追求した挙げ句、テストの結果という単一の評価尺度しかない日本型エリート教育の犠牲者だった。この後、同種の事件は今日まで日本社会で相次ぐようになる。

学園内に重苦しい空気が漂うなか、佐々木は七九年、初めて導入されたマークシート方式による共通一次試験を経て東大に合格。この年、開成からは百二十一人が合格し、東大受験合格者ランキングで一位になった。

東大生となった佐々木は教養課程を終え、駒場から本郷のキャンパスに移ったころから国家公務員試験を受けることを意識し始めている。

この当時ベストセラーになったエズラ・ヴォーゲルの『ジャパン・アズ・ナンバーワン』

は、通商産業省などのエリート官僚が戦後復興と高度成長において果たした役割を高く評価し、日本の官僚は戦勝国の学識者から面はゆくなるほどの賛辞を受けた。大蔵官僚絶頂のこの時代、蔵相の渡辺美智雄は、新卒採用を担当した大蔵省秘書課の中島義雄《なかじまよしお》企画官に「異色の人材を採れ」と命じ、八二年入省組は東大以外の早慶卒や女性（後に自民党国会議員になる片山さつき）にも門戸を広げた。NHKはその様子をドキュメンタリー番組「大蔵官僚の誕生」（＊3）として放送し、写真週刊誌の「フォーカス」も「現代の秀才の標本箱」と六ページにわたって取り上げている（＊4）。

渡辺美智雄蔵相（中央）を囲んで福田淳一、佐川宣寿、片山さつきら1982年に大蔵省に入省した顔ぶれ（「FOCUS」'81年12月11日号）

この期の二十七人は確かに入省時点では前途洋々たるエリートの卵だったが、その後半生は必ずしも平穏とはいかなかった。このうちの一人は、大蔵省接待汚職事件で野村など四大証券と住友銀行から三百四十三万円相当の接待を受けたことが収賄とみなされて、有罪判決を受けた。同期のトップを走って財務事務次官に上りつめた福田淳一《ふくだじゅんいち》は、女性記者へのセクシャルハラスメントで次官を引責辞任。財務省理財局長から国税庁長官に栄進した佐川《さがわ》宣寿《のぶひさ》は、森友学園問題の公文書改竄《かいざん》事件への関与が疑われている。後に次第に明らかになるが、日本型受験エリートにはノブレス・オブリージュという感覚が乏しいのである。

佐々木が国家公務員試験を目指して一緒に試験勉強に取り組む勉強会仲間の、そのまた友人に、小柄だが、やたら威勢のいい関西出身の男がいた。スポーツカーで大学にやってきたり、女子大生がまだ少ない東大のキャンパス内をこれ見よがしに女性と闊歩《かっぽ》したり、わざと目立ちたがるような男だった。灘高出身の村上世彰《むらかみよしあき》といった。「友達の友達が村上。当時からすごく目立っていましたね」。後にますます目立つようになる村上と、佐々木は二十数年後、攻守相まみえることになる。

英語が得意だったので長期信用銀行や都市銀行、総合商社で国際的な仕事をすることも考えたが、結局、大蔵、通産など主要省庁を訪問し、最後は「役所の中の役所」である大蔵省に的を絞り、採用が決まった。ときに第一次中曽根内閣、蔵相は竹下登。このときの大蔵省八三年入省組の同期二十五人は全員男性で、そのうち二十人が東大卒だった。異色ずくめだった一年先輩と比較すると、人材の多様性は少し失われたかもしれない。

「国際的な金融の仕事をしたい」という本人の希望がかなえられたのか、配属先は銀行局調査課であった。

秀才たちの流儀

大蔵省銀行局調査課はその前身を金融制度調査室といい、海外の金融制度を調べたり、蔵相の諮問機関である「金融制度調査会」の事務局を受け持ったり、いわば銀行局長のシンクタンクと呼べる部署だった。佐々木は八三年四月、この調査課で、調査会の事務局の下役を務めることになった。

このとき、大蔵省は長く統制してきた金融の自由化に向けて動き出していた。

戦前の昭和恐慌によって銀行が相次いで破綻すると、大蔵省は二七年、預金者保護を名目にして監督権限を強め、銀行間の競争を制限する銀行法をつくり、この六十年前の法律が世界第二位の経済大国の銀行を縛りつけていた。だが、過度の規制は業界を過保護の状態におき、省内では昭和四〇年代から反省する意見があらわれていた。自由な競争をゆがめるだけでなく、金融機関がその状態に安住することによって、経営の効率化を鈍らせる危険性をはらんでいたからだった。

大蔵省は同時に海外の動静にも背中を押されるようになっていた。アメリカやイギリスで

「規制緩和＝自由化」が始まるなか、日本の金融業が世界の潮流に出遅れる懸念が出来《しゅったい》したのである。アメリカでは八〇年、金融制度改革法が成立し、預金金利規制が段階的に撤廃されるとともに、商業銀行と貯蓄金融機関の業態の垣根の規制を縮小することになった。銀行の証券業務を規制しているグラス・スティーガル法を改正する動きも表面化していた。

大蔵省は八一年、銀行法の全面改正案をまとめた。カタカナ書きの旧法は条文の文言が簡単に過ぎ、結果的に大蔵官僚が自ら裁量できる行政指導の余地を大きくしていたが、これでは日本に進出しようとする海外の金融機関からは、ルールが明文化されておらず不透明に映るため、新法では大蔵省の監督命令権を明文化しようと試みていた。

さらに銀行の大口融資規制やディスクロージャー（情報開示）規定を盛り込むとともに、銀行に対して、国債の窓口販売と債券売買のディーリング業務に限っては証券業務を解禁することにした。大蔵省の不透明な行政指導を減らして監督権限を明文化する一方、それ以外の法律に明記していないことは「自由」とする考えだった。「行政指導は極力控えるという態勢をはっきりさせ、そのかわり検査が重要だということをそのとき明らかに」（米里恕《よねさとさとし》銀行局長）（*5）しようとしたのである。

しかし、証券界は銀行の証券業への参入に反発した。一方の銀行界はもっと規制が緩和されて自由を享受できると思っていたのに、監督命令の明文化や、違反すると罰則まである情報開示義務など行政介入が強化されたと受け止め、こちらも猛然と反対した。

金融界は自民党政治家に援軍を頼み、金融行政という専門性の高い領域に政治家が介入する事態を招くことになった。最終的に自民党の安倍晋太郎政調会長が仲裁に入り、渡辺美智雄蔵相との間で大蔵省の銀行法改正原案を修正することになった。銀行への詳細な監督命令規定は旧法のような簡単な記述に改められ、情報開示規定の罰則はなくなり、違反しても罰則がない訓示規定へと後退してしまったのである。

大蔵省は後にその正史にこう総括する。

「支援よりも反対勢力の方が強い状況のもとで困難な調整を重ねながらも、行政当局として銀行法の個別部分改正でなく、あくまで全面改正を目指す立場を保持したのは、(中略) それぞれのグループが利害要求をもっている中で個別に部分改正を取り上げていくのは弊害を多く生むであろうと判断したからであった」(＊6)

銀行への命令監督権や情報開示規制が原案のような形で盛り込まれていたならば、その後の不良債権問題の対応はだいぶ違ったかもしれない。あのときにやっておけばよかった、と後の銀行局長は嘆くことになる(＊7)。

佐々木が入省して銀行局調査課に配属された時期は、こんな〝ひと悶着〟の後だった。

大蔵省は、金融自由化路線こそ堅持していたものの、米里の後任の銀行局長に起用された宮本保孝《みやもとやすたか》は当初、自由化を「漸進的《ぜんしんてき》に進める」と微温的な姿勢で臨んだ。銀行と証券の対立に加え、銀行界も都銀、長信銀、地方銀行など業態ごとに利害は錯綜する。業界から反発を招きやすい規制の撤廃、とりわけ業種の垣根を低くすることについて、宮本は「うまくワークしてきている」「制度を一元化して行くといえる程たやすい話ではない」と慎重で、金融自由化の方向性を「ドラスチックに進めるのはまずい」と考えていた(＊8)。宮本は八二年から金融制度調査会の審議を再開させたが、当時は調査会が開かれるというだけで「いったい何が議論されるのか」と金融界が過剰に神経を尖らせる状況だった。

佐々木は当時を振り返ってこう語る。「世界中どこも金融は規制業種で、業務範囲が制限されているうえ、預金金利も自由には決められない時代でした。アメリカとイギリスは一足先を行っていたものの、それ以外の欧州大陸諸国は日本と同じようなものか、あるいは日本以上に政府が規制を敷いていました。その自由化を段階的に進める、漸進的にやろうという感じでした」。もっとも、一年生の佐々木の果たした役割は「雑用」に過ぎず、この間の議論がどう進んできたのか、政策的なことは見当がつかなかった。手書きの原稿を、あとで修正の書き込みができるよう、行間をあけて切り貼りするという、本人いわく「原始的な作業」をして、それを大蔵省の印刷所にもっていくような係だった。

漸進的なはずの金融自由化の動きに拍車がかかるきっかけは「外圧」だった。

局長の宮本は八三年九月、中曽根康弘首相に呼び出され、「金融自由化の工程表をつくれ」と指示された。十一月にレーガン大統領の来日が予定されており、中曽根は「アメリカが金融の門戸開放を迫ってくる」と見通していた。以来、宮本を呼びつけては日本側がアメリカに譲歩できる腹案の検討が始まっている。

「漸進的」に進めるはずの自由化だったが、アメリカの風圧によって急展開することになった。日米円・ドル委員会が開かれ、大口預金金利の自由化や海外の金融機関の日本市場への参入を開放することが相次いで決まっていく。宮本は「外圧をうまく利用することが抵抗勢力を収めるのに非常に役に立つ」と述懐している（＊9）。

佐々木も「貿易摩擦は通産省の話だと思っていたのが、こっちに来た。日米円・ドル委員会で急に進展することになりました」と振り返る。

この調査課時代、佐々木は大蔵省流の「詰める」文化の洗礼を受けている。調査課はその名の通り、内外の金融制度の変遷を調査する部署である。「大蔵省の図書室に行って文献を探したり、過去の国会会議録を調べたりしました。いまだったら、ネットでグーグルを使えばわかるようなことも、当時は全部人力でやったんです」。ドイツ語を多少学んでいたため、西独の金融制度の変遷の調査もおおせつけられた。そうして調べた内容を係長から「詰められる」。大蔵省は「詰める、詰められる」というカルチャーだった。

政策立案の際に関係していそうなことは徹底的に調べ上げる。この国の最高学府を出て大蔵省で働く秀才たちが真っ先にとる行動は、参照できそうな出来事の学習だった。「クリエイティブではないんです。過去をベースにしたバックワード・ルッキングは強くても、白地に何かを描くようなフォワード・ルッキングやアジェンダ・セッティングは弱いんです」(佐々木)。

つまり、秀才たちは参照できる過去問や海外の先進的な取り組み事例がないような、想定外の状況に対応する力は弱かった。

銀行局長が吉田正輝に代わった八四年以降、調査課は金融制度調査会の答申の取りまとめに入っている。局内の問題意識には、自由化を進めた場合、競争に敗れて経営が悪化する金融機関も現れるかもしれない、という点にあった。当時の担当者は「金融機関の破綻時に、今までのように大蔵省が行政指導して体力のある金融機関に吸収させるのがいいのかどうか。もう少し透明なルールを設けなければいけない」と考えた(*10)。これまでは経営危機に陥った銀行は、大蔵省の行政指導のもと奉加帳方式で業界に支援してもらって救済してきたが、こうした行政指導型の処理策は、もはや限界と考えられた。

ちょうどアメリカでは五月、コンチネンタル・イリノイ銀行の経営危機が表面化し、米連邦預金保険公社（ＦＤＩＣ）が資金援助する包括的支援策をまとめている。大蔵省はＦＤＩＣのウィリアム・アイザック総裁を招き、金融制度調査会の委員の前で話してもらった。「アイザック総裁は、預金保険というのがいかに大事かということを力説されたんです。預金保険は預金者保護のためだけでなく、金融システムの安定化に大事なんだということを話されました」（通訳をした当時の担当者）。

この当時の日本の預金保険機構は日本銀行本店内の一室に置かれ、日銀副総裁が理事長を兼務していた。金融機関が破綻した際に預金保険機構が支払う仕組み（ペイオフ）は、元本三百万円までの預金しか対象にしていなかった。金融機関の破綻はほとんど想定していなかった。

だが、アメリカには豊富な銀行破綻処理の経験があった。

銀行局調査課はＦＤＩＣの経験を参考にして、金融制度調査会の答申に「金融機関の経営危機と信用秩序の維持」という章を割き、アメリカで採用されている破綻救済制度を翻案して盛り込んだ。ＦＤＩＣを参考にして、預金保険機構が破綻銀行を処理できるルールを定めたのである。破綻しそうな銀行を同業者が買収して相手の資産（債権）と負債（預金者）

を引き継ぐ場合、「不良債権」の部分は預金保険機構が穴埋めする「資産・負債継承方式」や、破綻寸前の銀行を同業者が買収する際には預金保険機構が買収側に資金を提供する「資金援助方式」というアメリカで考案された仕組みだった。それら破綻救済策とともに、金融機関が経営危機に陥る前に健全性をチェックするための大蔵省などの検査体制の拡充が重要と明記され、ペイオフ上限額も一千万円まで引き上げることが盛り込まれた。検査とは、大蔵省の担当職員が銀行に乗り込み、経営実態を調べ上げ、特に不良債権がどの程度あるのかつかむことである。

朝日新聞は金融制度調査会での議論を踏まえて八五年六月七日付の朝刊に社説「銀行が破たんした時どうする」を掲げた。社説は「(これまでは)民間金融機関が(中略)不祥事を起こした場合でも、つぶれることはなかった」が、「しかしこれからは、そうはいかない」と銀行破綻時代の幕開けの警鐘を鳴らしている。だが、社説を執筆した論説委員は、本当にそんな時代になったとは思っていなかったに違いない。調査会の答申の文案を作成した担当者さえ、「正直言って本当に銀行が破綻するようになるとは思っていませんでした。いざというときに備えて制度を準備しておくのが大事と思って取り組んでいたんです」と考えていたからである。

金融制度調査会の答申で「拡充が必要」とされた検査体制だが、その後も定員割れが続き、しかも検査能力は高くなかった。大蔵省の銀行検査は不祥事チェックに力点がおかれ、経営上のリスクを予見できるようなものではなかったのである(*11)。立派な答申ができても「仏作って魂入れず」であった。後に佐々木はそのことを嫌というほど思い知らされることになる。「大蔵省のキャリアは政策を語り、(実際の現場での仕事という)執行はノンキャリア任せで軽視しているんです」。金融行政は現場と著しく遊離していた。

佐々木は答申がまとまる前の八五年二月、希望していた海外勤務を命じられた。経済協力開発機構(OECD)のパリの本部で研修生(トレイニー)として二年半の間、働くことになったのである。アンカレッジ経由で十七時間かけてパリに着いた。

プラザ合意後、円は急速に強くなった。バブルが始まろうとしていた。

第一章

最強官庁の揺らぎ

証券取引等監視委員会が発足、委員長の訓示を聞く職員
（1992年7月20日、朝日新聞社提供）

バブル

二年半のパリ勤務を終えた佐々木を日本で迎えたのはバブルだった。カネに糸目をつけず、世界中の不動産や美術品を買いあさり、溢れかえったマネーは奔流となって株や土地に押し寄せた。誰もが日本の国力が向上したと錯覚した時代だった。

大蔵省も大平正芳首相の政策ブレーンだった長富祐一郎官房審議官が主導し、同省のシンクタンクとして財政金融研究所を拡充して経済分析や政策提言を世に問おうとしていた。佐々木はそこで研究官の職に就き、国際会議の事務方を務めたり、東大助教授らとエコノミストのまねごとをしたりした。

その後、大蔵省が「世情に通じるように」と若いキャリア官僚むけに用意した人事慣行によって税務署長を経験することになり、二十八歳で岐阜県の高山税務署長を一年間務めた。風情ある小京都の暮らしは、当時の広告のキャッチコピーを借りれば「おいしい生活」だった。一年間という期限つきの旅行のようなものだった。

佐々木が初めて「事件」を経験したのは、そんな浮かれた時代が暗転し始めた一九九〇年七月、名古屋国税局総務課長に着任したときだった。

名古屋国税局のなかでも、強制調査を行う査察部は、同じ建物内にあっても他の部署とは隔絶し、よそからは窺い知れない秘密のベールに包まれていた。バブルの果てに巨額の脱税事件が相次ぎ、国税局の査察官を主人公にした映画「マルサの女」が大ヒットしたばかりだった。一度でいいから、あんな現場を体験してみたいと思っていた。

「好奇心もありました。しかし、それ以上に、税務署長と国税局総務課長を経験しながら現場に一度も足を踏み入れずに過ごして、次のポストに異動していいのだろうか、と。そっちの問題意識のほうが強かったのです」。先輩の名古屋国税局査察部長に「強制調査に連れて行ってください」と願い出たところ、いまでは許されないかもしれないが、「国税査察官」の資格がないのにもかかわらず、ＯＫが出た。大蔵省の外局の国税庁は、ほんの一握りの大蔵キャリアが要職を占めるが、彼ら大蔵キャリアは大多数の職員が携わる税務調査の現場の仕事に自らがかかわることはない。強制調査の現場に同行したがるキャリアは極めて珍しかった。

もっとも査察部の現場は、このころからすでに派手なワイシャツを着ることが多かった佐々木の同行に困惑していたのかもしれなかった。彼ら国税査察官は査察の際に「勝負服」と称して、逆に地味な目立たない服装を着ることにしていたから、ストライプやピンクのシャツを着る佐々木だと人目について仕方がない。佐々木は前日の退庁時、年配の係長からこっそりこう告げられた。「課長、明日は地味な格好で来てくださいよ」。彼はどうやら意を決し、進言したらしかった。地味な格好とは白いワイシャツのことだった。「えっ？　白のワイシャツ？　持ってないよ」。係長はびっくりして言った。「じゃあ、私がお貸しします」。

こうして査察当日を迎えた。

査察対象は名古屋市のゴルフ場会員権販売会社の社長だった。

それまで脱税といえばラブホテルやパチンコ店が常連の業種だったが、バブルの時代に増えたのは、価格が急騰したゴルフ場会員権の販売会社だった。安いときに売ったふりをして、実は高騰してから売って差額をごまかす手口が横行していた。

社長の自宅を襲う手段は、怪しまれないように細工した特装車だった。当時はまだ珍しかった携帯電話とビデオカメラが装備されたワゴン車で、車体にはクリーニング店の名前を塗装し、商用車のふりをしていた。クリーニング店の店名は当時の国税局幹部の姓からとったものらしかった。

ふだんの社長の行動をあらかじめ確認しておき、相手がゴルフに出かけようとする時間帯を見計らって一斉に査察官が自宅を襲った。査察部長と次長、そして総務課長の佐々木も後から続く。足を踏み入れると、お金持ちのはずなのに、自宅の中はゴミ屋敷だった。キッチンの流しには、汚れた皿や食器が雑然と積み重なり、何日も放置されていたようだった。あまりの汚さに唖然としていると、「こんなのは普通ですよ。脱税をするような人は、すでに生活が破綻している人が多いんです」と、そばにいた査察官が耳打ちする。

家宅捜索（ガサ入れ）中の査察官が「こういうところに隠されているんですよ」とたんすの引き出しを開けると、案の定、引き出しの裏にいくつもの預金通帳が貼り付けてあり、印鑑がたくさん見つかった。「ほらね」。

なるほど。査察官のプロの手法に感心する。

自宅のガサ入れの後、社長の取引先銀行の支店に向かった。先に到着した査察官が貸金庫のある部屋の捜索を始めていた。そこに査察部長と一緒に入っていくと、金の延べ棒と無記名の割引債が無造作に押し込んであるのが見つかった。「やっぱり出てきたか」。それを段ボール箱に詰め込んで押収した。「マルサの女」のような世界が本当にあるんだ。上気した気分になった。

社長の脱税額は三年間に二億七千万円余にのぼった。会員権価格が一年間で二倍に急騰しても、少し値上がりした時点で売ったことにしたり、収入のごく一部だけを「つまみ申告」したりして、全体の収入を少なく申告していた（＊1）。

好奇心に由来する体験だったが、刺激的だった。事件に遭遇すると、アドレナリンが噴出するのだ。

損失補塡

名古屋国税局に一年間勤務した九一年七月、次の異動先を告げられて耳を疑った。大蔵省証券局総務課の次席の課長補佐。局長の秘書的な業務に加え、局の筆頭課の補佐として舞い込む様々な雑務を処理する役目だが、過労のせいか、過去に二、三人自殺者が出ていると噂されるポストだった。ただでさえ激務のポストなのに、このとき、大蔵省証券局は損失補塡など第一次証券不祥事が直撃し、大揺れだった。嵐の中に突っ込んでいくような人事異動だった。

着任時は、ちょうど大蔵省が予期せぬ直撃弾を被弾したときだった。野村証券の田淵義久《たぶちよしひさ》社長が六月二十七日の株主総会で「(損失補塡は)大蔵省にお届けしているもので、ご承認をちょうだいした」と発言し、陰に隠れていた大蔵省を表に引っ張り出したのである。損失補塡など第一次証券不祥事は「官庁の中の官庁」として君臨していた大蔵省にとって、初めて自らの責任を追及される事態だった。バブル崩壊によって明るみに出た腐敗はこのとき、最強官庁の大蔵省を揺るがした。

　国会は大蔵省の責任を追及して、松野《まつの》允彦《のぶひこ》証券局長は集中砲火を浴びた。

　ふだんはさほど質問がない証券局に与野党の議員から連日のように百問近い質問の通告が寄せられ、局内は答弁作りに忙殺された。朝が早い松野が登庁するのは午前六時ごろで、佐々木たちは六時半から答弁の打ち合わせに加わり、午前九時前には国会の予算委員会や大蔵委員会に同行するものの、答弁ができているのは、せいぜい午前中の質疑の分だけだった。

衆議院証券金融問題特別委員会で、社会党議員の質問に答える松野允彦証券局長。右は橋本龍太郎蔵相（'91年9月2日、時事通信社提供）

　昼どきにいったん総務課に戻って午後の答弁案を局長にレクチャーし、再び国会にとんぼ返りし、夕方まで張りつく。その後は大蔵省で深夜まで翌日の答弁の準備をする。質問がそろいだすのは夜遅くなってからで、そこから過去の答弁を調べたり資料を探したりしているうちに、気がつくと日付をまたいでいた。真夏なのにエアコンは延長申請しても午後八時までしかつけてもらえない。省内に泊まり込むこともあった。赴任したばかりで何もわからないのに、すさまじい労働量に押しつぶされそうになる。とんでもない日々だったが、同時に目先のことをそつなくさばくことばかりに熱心で、何の専門性も身につかない大蔵省の作法に対し、「こんなことばかりやっていていいのだろうか」と根源的な疑問を抱くようになった。

同じ大蔵省四階の銀行局は、証券局の右往左往ぶりに対して他人事《ひとごと》のような感じだった。温厚な土田正顕《つちだまさあき》銀行局長が佐々木たちに同情した視線を投げかけた。バブル崩壊は、まずフロー経済の証券界を襲い、ストック経済の銀行界に津波が押し寄せてくるには、まだ時間があった。とはいっても、その土田も漠然とした不安は感じていただろう。前年から彼宛てにイトマンの「従業員一同」と称する不気味な投書が届いていたからだった。土田は後に銀行局長時代を振り返って、こう述懐している。「極めて詳しい内容の投書が五、六通も来たんだ。普通の投書とは違って大蔵省を誘導するような内容なんだ。あれが、僕が『おかしなことが起きている』と最初に気づかせてくれるものだった」(＊2)。もっとも、その怪文書の書き主が、親しく交際していた住友銀行のＭＯＦ担(大蔵省との折衝役。同省の英語表記Ministry of Financeの頭文字をとってそう呼ばれた)、國重惇史《くにしげあつし》とは、ついに気づかなかったようだった。

佐々木が過酷な勤務を強いられるのは無理もなかった。株を購入した多くの人たちは、株価が下落しても証券会社が穴埋めしてくれることはあり得ないのに、証券会社にとって上得意の客である大企業や年金基金、共済組合などは株式投資で大損しても証券会社に埋め合わせてもらえる「損失補塡」が広範に行われていたからである。野村をはじめ四大証券、準大手、中堅の証券会社まで含めて証券界は、これら大口客に対して九一年三月末までに二千億円強もの損失を補塡していた。そんな大口優遇が明らかになれば、「許せない」と国民感情に火がつくのは自明のことだった。まして、それに大蔵省が関与していたとなれば、なおさらである。

損失補塡は、バブル時代の企業の「財務テクノロジー」(財テク)に遠因がある。

大企業の財務部門を中心に余裕資金を株式投資によって膨らませる「財テク」が大流行し、そのニーズをつかんだ証券会社が常用した手法が「営業特金」だった。いかに財テクの時代とはいえ、企業の財務部門にこの当時、資金運用ノウハウはほとんどなかった。そこで、本来は企業の株や社債の資金調達をお手伝いするはずの、証券会社の事業法人部の担当営業マンが、顧客の企業の依頼を受けて運用を代行する特別なサービスとして営業特金が広まった。企業からすると、カネさえ出せば、投資する銘柄や株数は証券会社が勝手にやってくれる、すべてお任せの便利な仕組みだった。しかも、証券会社の中には、企業側に「このくらい儲けさせてあげますよ」とあらかじめ約束する「にぎり」と呼ばれる利回り保証をするところもあった。株を買いさえすれば、値上がりして確実に儲かる時代だったからこそ、できた芸当だった。

大蔵省はこの営業特金という怪しげなファンドの誕生にかかわっていた。国税庁は八〇年、企業が持ち合いで保有している株と、証券会社の営業特金や信託銀行の「ファンドトラスト」（ファントラ）によって取得された株の価格を帳簿上分離できるという法人税通達を出していたからである。これにより簿価の低い持ち合い株の含み益を吐き出さずに済み、財テクで購入した株はそれとは別会計で処理できるようになった。この通達を受けて、「財テクしやすい」と営業特金とファントラが急増していった。

火消しに回ったのも大蔵省だった。後に「リフレ派」として有名になる髙橋洋一《たかはしよういち》が証券局業務課の課長補佐に着任した八八年六月ごろには、大蔵省はすでに、証券会社の運用する営業特金に「損失補塡」という悪習がはびこっていることを認識していた。「八六年ごろにはわかっていたんだけれど対応が遅れて、当時の証券行政の一番頭の痛い問題だった」（髙橋）。角谷正彦《かどたにまさひこ》証券局長は、東大の数学科を卒業した髙橋に対して、「営業特金を数理的に解析してくれないか」と依頼した。「それで調べてみたら、営業特金とファントラで当時の株式の売買高の半分ぐらいを占めていたんだ。証券会社の回転売買で売り買いの量がものすごくて、あれが株式市場のエンジンだった。回転売買によって人為的に膨らませた相場だったんだ」。その中で損失補塡が行われていた。

「証券会社が営業特金をエサに営業していて、これに損失補塡とか利回り保証（にぎり）があって相当ヤバかった。私は『これは証券取引法に禁止されている行為ではないか』と思ったんだけど、証券会社側が法律の隙間を狙って、かなり練ったものにしていて違法とは言い切れないんだ」

髙橋補佐が、上司の水谷英明《みずたにひであき》課長や角谷局長に進言したのは、「これは法の不備なので違法とは言えません。いずれ、証取法を改正して損失補塡を禁止する立法措置を講じたほうがいいでしょう。法改正されるまでの間は通達で業界に自粛を求めるしかありません」というものだった。「じゃあ、キミが書いてみろ」と言われて髙橋が中心になって作成したのが、後に「角谷通達」と呼ばれる「証券会社の営業姿勢の適正化及び証券事故の未然防止について」だった。

大蔵省は八九年十二月二十六日、日本証券業協会に対して「事後的な損失の補塡や特別の利益提供も厳に慎む」よう求める角谷局長名の通達を出した。

通達ではあわせて「内部管理体制の再点検を行うこと」も求めた。髙橋は当時、「こんなことをやっていて、相場が下がったときに証券会社の経営が持ちこたえられるだろうか」と不安を感じていた。証券会社の経営陣は、現場の営業マンが口先の営業でかき集めた営業特金の全体像を把握していなかったからだった。各社は自社の引き受けた営業特金がどれだけの規模になっていて、そして株式相場が下がった際に、どのくらいの損失を埋め合わせなければならないか、リスク管理ができていなかった。値下がりした株をほかの企業に引き取ってもらい、「含み損」を表面化させない「飛ばし」という手口も横行していた。まだ企業会計に連結決算も時価会計も導入される前のことだからこそ、できたやり方だった。これも会計基準の不備だった。違法とは言えなかった。

大蔵省は株式バブルの息の根を止めることにもかかわっていた。角谷通達が出た三日後の大納会の終値三万八九一五円が日経平均株価の史上最高値となり、以来、その金額を超えることは今日までない。通達が出た後は下落するばかりだった。証券局は、通達が営業特金ブームに水を差し、株価を下げる要因になると予想していた。角谷は髙橋に株式相場がどのくらい下がるか試算させていた。髙橋によれば「人為的な回転売買で膨らませた相場なので、それがなくなれば二万五〇〇〇円ぐらいになる」と推測した。その予測を角谷ら上司に伝えたが、彼らからの返答は「それでも営業特金を自粛させることはやむを得ない」というものだった。翌九〇年に入ると、髙橋の予測を超えて株価は急ピッチで下げ足を強め、ついにバブルは破裂した(*3)。

大蔵省の方針転換に戸惑ったのは、証券会社の営業の現場だった。営業特金を解消しようにも株価が急落するなか、顧客企業から損失補塡を求められる。野村証券のＭＯＦ担だった元幹部は言う。「営業特金の解消を顧客と合意して進めるのは極めて難しかった。みな評価損を抱えていたから、現実的には損失補塡に目をつぶるしか解決策がなかった」（＊４）。営業特金の解消には損失補塡が必要だったのだ。

水谷業務課長はそうした証券各社の実情を踏まえ、各社のＭＯＦ担に対して、注文の取り違いや証券会社による無断売買など「証券会社側のミス」（証券事故）によって相手企業に損をさせたことにし、その名目で損失補塡するのならば構わない、と容認する見解を口頭で伝えた。これを根拠にして各社は、営業特金を解消してゆく九〇年一～三月にかけて損失補塡を激増させた。「大蔵省も表立って言えないが、そうするより他なかったんだよ」（野村の元ＭＯＦ担）。この時期に損失補塡が急増したのは、制度が大きく変わるときによく目にする「駆け込み需要」と言えた。大蔵省が損失補塡を容認していたのだから、野村証券の田淵社長が「大蔵省にお届けしているもので、ご承認をちょうだいした」と株主総会で明言するわけであった。

角谷通達がバブル崩壊のきっかけになったこともあり、証券局には株で大損した人から脅迫状らしき手紙がたくさん届いた。最寄りの警察署に局長宅の警備をお願いしたが、局長が出勤すると、当時の大蔵省は出入りが自由でセキュリティーチェックは何もない。佐々木は上司から「もし、局長が暴漢に襲われるようなことがあったら、お供しているお前が身を挺して守れ」と命じられた。大蔵省がこんな逆風にさらされるのは初めてのことだった。

松野局長が山一証券の三木淳夫《みきあつお》副社長を呼びつけたのは、損失補塡騒ぎを乗り切った後の九二年一月二十二日だった。

山一が「飛ばし」先に使っていた東急百貨店が、押しつけられた含み損のある有価証券を引き取ってほしいと山一側に求めたが、山一側が嫌がってトラブルになっており、東急は山一に法的措置も辞さないという催告状を突き付けた。松野はこの騒動を察知し、山一側に対処策を問いただそうと考えたようだった。三木が急いで局長室に訪ねていくと、松野は即座に「東急百貨店ともめているんだって？　それで、どうするのですか」と切り出した。山一はこのとき東急とのトラブルを裁判の場に持ち込み、法的な解決策を検討していた。「出るところに出ても頑張ります」と三木。すると、松野が「大和さんは海外に飛ばすそうですよ」と意外なことを口にした。

このとき大和証券も、同じく「飛ばし」先に利用していた東急百貨店ともめていた。大和の同前雅弘《どうぜんまさひろ》社長は松野に処理策として「海外の投資家に飛ばす」という案を披露し、松野は

「そういうことができるのであれば選択肢の一つ」と返答している。この時点で証券取引法は改正され、損失補塡は禁じられていた。損失補塡に代わる策として「証券事故」の扱いにして、「裁判上の和解をするなり、あるいは民事調停の手続きを踏む形ならば、法律で認められた処理である」とも松野は伝えた。海外で飛ばすのも、証券事故として法的に処理するのも、「いずれを選択するかは経営者の判断の問題です」。そう言って松野は大和の同前に判断をゆだねたという。

山一の三木を呼びつけたとき、松野は大和の同前の話が念頭にあった。松野が「大和のアイデア」と前置きして「海外へ飛ばすそうですよ」と話すのを、三木は局長による誘導と受け止めた。山一は東急との紛争を法的に処理する考えでいたが、松野の一言によって「飛ばし」継続に方針転換する。

三木は一月末か二月、社長の行平次雄《ゆきひらつぎお》らとともに再び松野を訪問し、行平が「海外に飛ばすには資金繰りに自信がないので、国内で処理をすることにしました」と、「飛ばし」継続を伝えた。すると松野は「ご苦労様でした」と言い、帰り際に「山一にすれば大した数字ではありません。ひと相場あれば解決ですよ」と励ました（＊5）。

海の向こうに飛ばすというアイデアをひらめいた大和だったが、結局、東急百貨店と東京簡裁で調停する道を選び、損失六百億円のうち大和が四百九十億円、東急が百十億円を負担することで決着した。その責任を取って大和の同前は三月、社長を辞任した。大和は犠牲を払ってでも表に出して処理する道を選んだが、山一は松野に促されて先送りを選択した。

大蔵省は山一破綻の原因にも介在していた。

組織防衛

第一次証券不祥事は、大蔵省のこれまでのありようを揺さぶった。

角谷通達や水谷課長の口頭の指導など法律によらない通達や行政指導は、ルールに基づかないがゆえに当事者以外には透明性に欠け、担当官僚の裁量の余地が大きすぎると批判を浴びた。証券局は主計局や主税局と比べて格下に置かれ、省内には証券行政のプロフェッショナルを育てる意識が乏しかった。何よりも実力次官だった長岡實《ながおかみのる》が東京証券取引所理事長に転身しているのを始め、証券界は大蔵OBの有力な天下り先だった。規制する当局と規制される業者はもたれあい、癒着する構造にあった。

そうした積年の澱《よど》みが表面化すると、大蔵省から証券界を監督する機能を切り離し、アメリカの証券取引委員会（ＳＥＣ）のような組織を作るべきだという意見が澎湃《ほうはい》として沸き起こってきた。大蔵省の証券検査官は当時、本省に三十八人、地方財務局に二百一人しかおらず、大手証券会社への検査は二年に一回程度で、期間もせいぜい二ヵ月に過ぎなかった。検査は形式的な面が否めず、取引内容を詳細にチェックして問題点を摘出するような力はなかった。

それに対して米ＳＥＣは当時二千人の職員を抱えていた。インサイダー取引や相場操縦など証券犯罪の証拠を集めて刑事告発する権限をもつだけでなく、証券会社に対して営業停止など行政処分をする権限も有していた。五人の委員は大統領が任命し、財務省など行政機構からは独立していた。彼我の体制の差は大きく、より優れたＳＥＣを手本にして日本にも新しい監視機関を作ろうという機運が芽生えるのは、自然な流れだった。

大蔵官僚出身でもある自民党宮澤派の宮澤喜一会長が口火を切った。宮澤は、損失補塡問題が広がる九一年七月十二日の記者会見で「業界育成と監督が一つの行政機関で行われているが、育成と摘発はなかなか一つになりにくい」と述べ、大蔵省から独立した監視機関の設置を提唱した。経団連の平岩外四会長も同二十日の記者会見で、日本型の外部監視機構を新設するよう政府に働きかけることを公表した。海部俊樹首相も八月六日、平和記念式典出席のため訪問した広島市で記者会見し、「証券市場の公明さのために必要ならば、第三者機関を含めて適正化を図っていかなければならない」と述べ、大蔵省とは別の監視機関の設置に言及した。海部は七月、臨時行政改革推進審議会（行革審）に検討を指示し、鈴木永二会長は大蔵省から切り離した監視機関の設立に意欲的だった。

焦ったのは、権限を失いかねない大蔵省だった。

篠沢《しのざわ》恭助《きょうすけ》官房長をトップに証券局、銀行局、国際金融局の検査部門の担当課長らをメンバーとしたプロジェクトチームを七月十日に立ち上げ、日本版ＳＥＣ設立を食い止めようと、証券局検査課の人員増や部への昇格、銀行局など他局との横断的な組織の統合などを骨子とした対案をまとめた。つきつけられた問題点をはぐらかし、自分たちの権益維持と組織防衛を最優先としたのだった。

国会では与党の自民党議員からさえ「日本版ＳＥＣの検討を」という声があがったが、橋本龍太郎蔵相は「ＳＥＣのような仕組みをそのまま日本に持ち込むことが日本に合うとは考えていません」と否定した（＊6）。大蔵省は組織を挙げて自民党の有力者や行革審の委員を個別に訪問しては、「検査部門が行政部門と切り離されると、検査結果を業界指導に役立てられなくなる」などと説得していった。

九月に入ったころには「大蔵省の権限を取り上げると要員確保が難しくなる」（三塚博・三塚派会長）、「検査と指導は無関係ではありえない」（渡辺美智雄・渡辺派会長）など、自民党有力者が相次いで大蔵省の援護射撃に回るようになった。

行革審は当初、公正取引委員会のような国家行政組織法三条に基づく「三条委員会」を想定していた。大蔵省から完全に切り離し、首相が委員を任免し、独自の行政処分の権限を有するものを念頭に置いていた。これに対して大蔵省は同省の付属機関とすることを譲らず、運輸省の航空事故調査委員会のような国家行政組織法八条による「八条委員会」とするよう議論を誘導する。大蔵官僚の説明攻勢に行革審の委員は個別撃破されていった。金融や経済に詳しくない委員ほど大蔵省の折伏《しゃくぶく》に弱く、あっけなく撃沈されていった。強硬派は孤立し、ついには委員のなかから「どうしても集約するには、大蔵省が受け入れられる案にするしかない」という声が出る始末だった。

行革審は九月、新たな証券検査・監視機関として「証券・金融検査委員会」を新設するよう首相に提言したが、それは当初想定していた三条委員会ではなく、大蔵省が主張する八条委員会だった。相手の同意がなくても立ち入り検査ができる強制調査権と、調査結果をもとに刑事告発できる告発権を持たせるものの、米ＳＥＣのような独自の行政処分権を与える案は大蔵省によって葬り去られ、結局、同省に処分を勧告するだけの権限にとどまった。損失補塡問題で批判を浴びたとはいえ、最強官庁の大蔵省の威名はまだ轟いていた。

大蔵省が巻き返しに成功した九月二十七日、同省は小川是《おがわただし》総務審議官を室長にした「証券・金融検査監視体制検討準備室」を二十一人体制で発足させた。そのメンバーの一人が証券局総務課の課長補佐と準備室の室長補佐を併任することになった佐々木だった。国会対応や各課の調整などロジ周りが中心で制度設計に直接かかわっていたわけではなかったが、末端にいた佐々木でも、このときの大蔵省が組織防衛に躍起になっていたことは承知していた。

「大蔵省としては史上初の不祥事で批判にさらされました。それで組織を防衛しようと、できるだけ小さく生もうという対応になったんです」。大蔵省は結局、名称や形態は米SECに似たものを作るが、実態は似て非なる「証券取引等監視委員会」（監視委）を生み出した。その制度設計のリーダーシップを取ったのが小川だった。佐々木はこのとき「組織防衛は役所の本能みたいなもの」と受け止めたが、後に振り返って小川の霞が関的な制度設計の美学に感嘆するようになった。

「日本の証券取引等監視委員会は一応、米国の証券取引委員会（SEC）を参考にしてはいるんですが、機能を切り分けているんです。主税局が長かった小川さんのガラス細工のような精緻なやり方に一種の美学を感じました」

米SECは証券犯罪の摘発だけでなく、証券市場や取引に関する広範な規制をつくる権限（規則制定権）を持っていた。証券制度の専門家集団として、日本でいえば政令や省令に相当する制度を立案する機能を持っていたのである。準備室はこうした規則制定権は大蔵省に残し、新設する監視委に与えなかった。検査についても証券会社の財務内容に関する検査は大蔵省に残し、監視委に与えたのは市場において法令や規則に違反していないかをチェックする検査だけだった。米SECは刑事事件だけでなく、行政処分や罰金（課徴金）の徴収など制裁措置を持つが、そうした機能も与えられなかった。

批判を浴びて監視機関を作るものの、大蔵省に権限の多くは残す――。そんな切り分け方が小川は巧みだったのだ。

それでも何もないよりは前進だった。大蔵省証券局で市場監視を担当していた取引審査室には強制調査をしたり刑事告発をしたりする権限はなく、八〇年代の初めまでは違法行為を見つけた場合は、刑事訴訟法に規定された公務員の一般的な告発義務に頼るしかなかった。組織として対処できず、個人に告発してもらわなければならなかったのだ。インサイダー取引もやり放題で、証券取引法が改正されてインサイダー規制が導入されたのは、ようやく八八年だった。準備室は九二年四月、証券取引等監視委員会の設置を骨子とした法案を取りまとめ、同五月成立した。

証券取引等監視委員会は九二年七月、大蔵省の付属機関として発足し、初代委員長に検察出身の水原敏博《みずはらとしひろ》が就任した。損失補塡など証券不祥事をきっかけにしてできた組織だったゆえに、違法行為を見つけて刑事告発することが最優先とされた。「行政処分する行政罰ではなくて、違法行為に対して刑事罰を与えることからできた組織なので、検察からの出向者も多くて『検察の出先機関』みたいな組織になってしまったんです」（佐々木）。刑事告発を受け入れてくれるかどうか検察庁との協議が必要になり、裁判で有罪に持ち込めそうなものしか摘発したがらない。日々流動的に動く市場を相手にするには、迅速かつ柔軟な対応ができない制度的な欠陥を抱えていた。

佐々木は監視委が設立された翌年、二度目のＯＥＣＤ勤務となり新妻を連れてパリに赴任することになった。証券局総務課勤務はもう御免蒙《こうむ》りたかった。業者と癒着した〝業者行政〟の挙げ句、批判にさらされると組織防衛に躍起になる。証券不祥事以降、続発する金融スキャンダルに対して、ひたすら組織防衛に躍起になる大蔵キャリア官僚のカルチャーに違和感を覚えるようになった。

第二章
舐められてたまるか

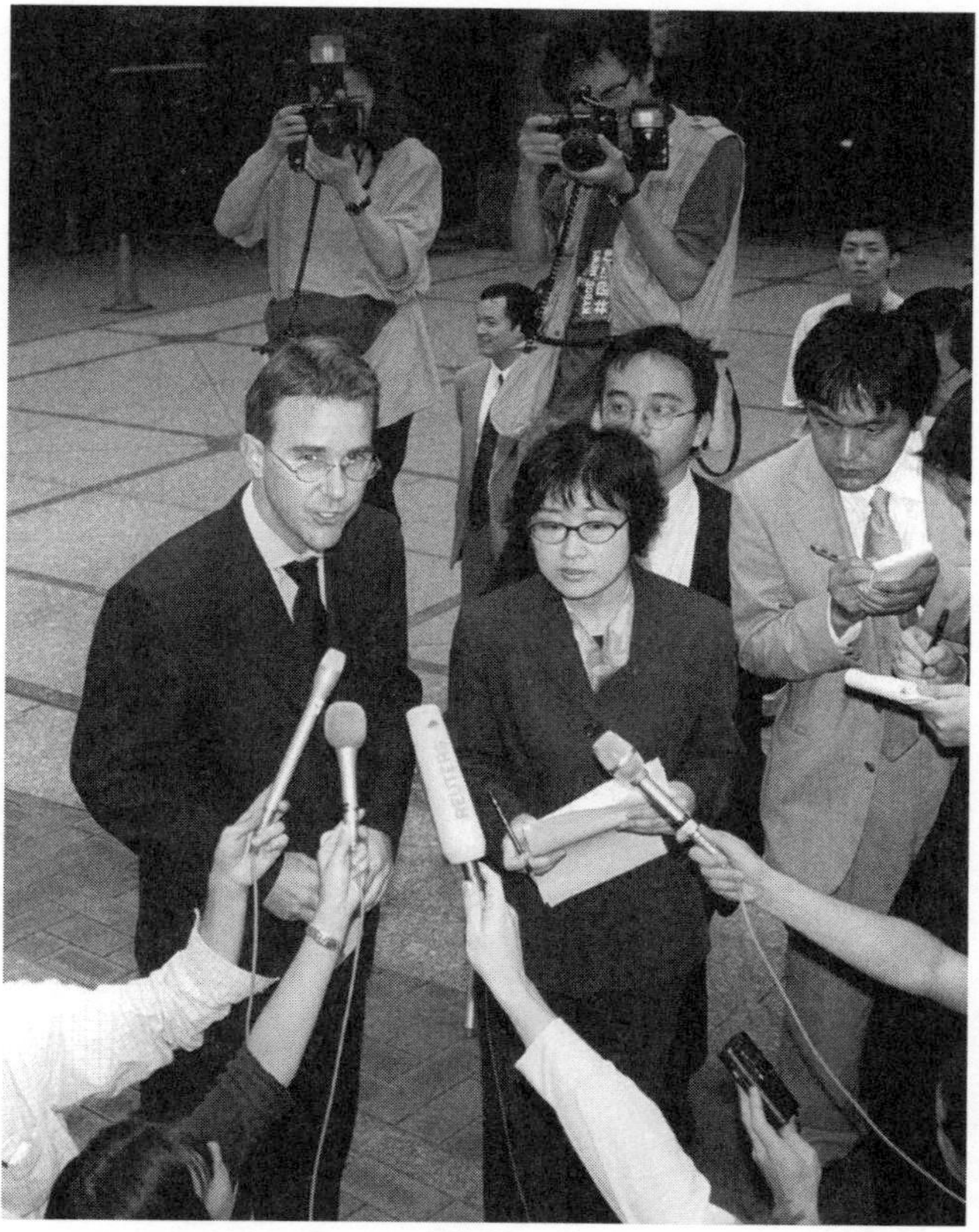

警視庁の捜索に対するコメントを読み上げるクレディ・スイス広報担当者
（1999年7月14日、毎日新聞社提供）

大蔵省の醜聞

佐々木にとって一九九三年からの二度目のパリのOECD勤務は、冷戦崩壊から間もないこともあって、刺激的な日々となった。西側諸国は、欧州復興開発銀行（EBRD）を設立し、社会主義から自由主義経済への移行に格闘する旧共産圏の国々への金融支援に取り組んでいた。佐々木の勤め先であるOECDも、旧共産圏の国々が市場経済を導入する制度づくりのアドバイスをすることになった。その仕事が佐々木にも舞い込み、ポーランド、ハンガリー、チェコ、中央アジアのウズベキスタンやカザフスタン、そしてベトナムやモンゴルに出張し、現地政府のアシスタント役としてかかわった。

旧共産圏の銀行制度は「単一銀行制度」と呼ばれ、中央銀行と商業銀行が一体となった国立銀行として存在していた。しかし、その内実は、政府の補助金を様々な経済部門に分配する役割しか担っておらず、西側先進国における銀行とはまるで違うものだった（＊1）。証券取引所や証券制度も未整備だったし、何より民間の企業というものがほとんどなかった。

「ちょうど国を新たにつくる状態にあったので、混乱状態でしたが、毎日が非常に面白くて」

(佐々木)。話のネタに日本の戦後復興に果たした政府系金融機関の役割を振ってみると、彼らは興味深そうに身を乗り出してくる。旧体制の幹部たちがパージされた後、新しい国家づくりの第一線にいた中央銀行や財務省の幹部たちの多くは、自分と同年配の三〇代前半だった。ウズベキスタンの財務次官に至っては、生年月日が一緒だった。明治の日本の維新政府は、おそらくこんな感じだったのだろうと想像した。大蔵省の七つ先輩の本間勝が四〇歳でポーランドの大蔵大臣の顧問を務めていたのにも驚かされた。まるで明治の「お雇い外国人」である。

前回二年半勤務したことがあるだけにパリの街は勝手知っている。当地で長男が生まれて私生活も充実するものだから、当然のことながら東京の官僚生活の魅力は減殺する。とりわけ今の自分の年次では、本省に帰ってもまだ課長補佐で、大量の雑務を器用にこなすことが能力を測る尺度とされていたから、なおさら帰りたくない。しかも、パリにいる間にも親元の大蔵省への逆風は増すばかりで、悪い噂ばかりが聞こえてくる。

九五年に入って東京協和・安全の二信組問題が表面化すると、宮澤喜一首相の秘書官を務めて大蔵省のエリートコースに乗っていた中島義雄主計局次長や、田谷廣明《たやひろあき》主計局総務課長が、東京協和の高橋治則《たかはしはるのり》理事長(イ・アイ・イ・インターナショナル社長)からプライベートジェット機で海外に遊びに連れて行ってもらうなど、行き過ぎた接待を受けていたことが発覚した。

中島はそれ以外にもさまざまな企業経営者らから少なくとも一億二千万円もの金銭の供与を受け、税務申告することなく秘かに蓄財していたことも明らかになった。

「サラ金」問題が批判を浴びたときの銀行局長だった徳田博美《とくだひろみ》は退官後、非常勤監査役に就いていたサラ金の武富士から「株式公開に向けた指導をしてほしい」と、値上がり確実な未公開株を自分の長女名義で譲渡されていた。しかも、娘夫婦がマンションを売りに出すと、武富士の関係する企業が買い取ってくれていた。

やはり銀行局長だった吉田正輝は大蔵省退官後に就任した日銀理事時代に文京区小石川の二億数千万円相当の自宅マンションを、不動産業者の斡旋によって歌手の山口百恵夫妻が住んでいた港区高輪の六億数千万円のマンションと「等価交換」した。東京国税局はこの差額分に課税しなかった。

二信組から住宅金融専門会社（住専）問題を通じて、大蔵キャリア官僚が様々な役得にあずかっている実態が浮かび上がった。それを大蔵省は相撲界の用語を使って「タニマチ」からの支援と弁明したが、世間はあまりにも非常識な説明に呆れ、大蔵高官への便宜の本質は「賄賂」と見破っていた。

続発する大蔵スキャンダルは、橋本龍太郎首相にとって看過しえない問題だった。自民、社民、さきがけの連立三党は九六年十二月、大蔵省から財政と金融の機能を分離することで合意し、九八年六月に金融監督庁が新設される運びとなった。大蔵省から金融部局を取り上げることにしたのだ。

大蔵省はかつて証券取引等監視委員会が誕生したときと同じように、省を挙げて組織的な抵抗を繰り広げ、当初は検査部門だけを分離することで済まそうとしたものの、自民党内からも異論が出て叶わなかった。次いで、新設される金融監督庁を監視委と同様に国家行政組織法上の八条機関として同省付属機関とするよう巻き返しを図ったが、これも橋本首相に退けられた。橋本は蔵相時代、米国流の証券取引委員会（ＳＥＣ）の導入案を退け、大蔵省の組織防衛のお先棒を担がされたが、首相になると、通商産業省出身の江田憲司《えだけんじ》秘書官を重用し、大蔵省に冷たかった。

いかに自民党の有力政治家への工作に長《た》けた大蔵省といえども、スキャンダルが続発して国民的な批判を浴びるなか、首相からも突き放されて、かろうじて金融・証券制度を企画立案する権限（規則制定権）を金融企画局として同省に存続させることが精一杯の組織防衛だった。監視委ができるときと同じような、政策を立案する規則制定権だけは本省に残そうとしたのである。

醜聞が続発する渦中に佐々木は帰国する気になれなかった。

戻ったら騒ぎに巻き込まれ、普通の生活ができないことは目に見えていた。たびたび海外勤務を経験すると、日本の大蔵省の労働環境に魅力を感じなくなってしまう。ＯＥＣＤでは個室があてがわれるのに、大蔵省は大部屋で、真夏でも夜は冷房を切られるなかでの残業である。官僚としての専門性という点でも物足りなさを感じていた。ＯＥＣＤと比べると、日本の官僚生活はレベルが低く、「こんなことをやっても何ら専門性が身につかない」という思いが強まった。通常は三年勤務のところを、無理を言って四年に延長してもらい、パリの生活は前回と合わせて都合六年半に及んだ。「希望の部署は」と聞かれたので、「金融関係の部署に行きたい」とは答えていたが、本音は少しでも長く海外生活を満喫したかった。

とはいえ、大蔵省の各課の総括課長補佐に就く年次ではあった。なかでも、各局の筆頭課の総括課長補佐に就任するのが省内におけるエリートコースの登竜門となっており、自然と出世を意識する年齢に差しかかっていた。各局の筆頭課の総括課長補佐になるような人材は、各局が「いずれは彼に」と目をかけ、時間をかけて育てている。しかし、海外が長くなった佐々木は、そうした選からは漏れていたようだった。海外で好き勝手なことをしていて、大蔵省の本業にあまり熱心ではないと受け止められていたのかもしれなかった。

内示されたポストは大臣官房金融検査部管理課の総括課長補佐だった。

「金融を希望していたといえば、希望していたのですが……」。示されたのは、当時は明らかに外れと見られたポストだった。検査部門は、キャリア官僚が「ベテラン」と呼ぶノンキャリアたちの職場だった。キャリアは国家公務員Ⅰ種（現総合職）試験を通った主に東大卒で政策立案を受け持つが、ノンキャリはⅡ種やⅢ種試験を経て採用された現場で実務を執行する公務員だった。その身分差は画然としていた。金融検査部はノンキャリの仕切る現場の部署だったのである。

損失補塡問題をきっかけに証券取引等監視委員会ができると、証券局の検査部門のうち証券会社の財務内容を検査するチームと銀行局の検査部門を統合して、新たにつくられたのが「金融検査部」だった。職員は六十人ほどいたが、部長と課長、企画官、総括課長補佐の四人だけがキャリアの指定席で、あとは全員ノンキャリアの職場だった。キャリア組も、部長を除けば、「ちょっと、どうかな」という人が送り込まれてきた部署だった。佐々木を送り込んで検査体制を強化するという意図が大蔵省の上層部にあるはずもなかった。

「キャリアが行くのは、もう終わりなんですよ。要するに私の行くポストが他になかったということなんです」

一九九七年七月のことだった。

接待汚職

傍流に追いやられたからといって、しょげている余裕はなかった。

野村証券から表面化した東京地検特捜部の利益供与事件の捜査は、このとき燎原《りょうげん》の火のごとく証券界に燃え広がっていた。総会屋の小池隆一《こいけりゅういち》への利益供与の疑い（商法違反容疑）で野村の社長だった酒巻英雄《さかまきひでお》が五月三十日に逮捕され、次いで小池に資金を不正に用立てていた第一勧業銀行（一勧）に飛び火し、七月四日には一勧の会長を務めた奥田正司《おくだただし》も逮捕された。

新左翼系の総合雑誌「現代の眼」を発行する現代評論社オーナーが表の顔だった木島力也《きじまりきや》は、総会屋や右翼、暴力団に顔が利くフィクサーという裏の顔も持ち、一勧に深く食い込んできた。木島は、若手の総会屋として台頭した小池を使い、一勧から自分に資金が流れ込む仕組みを作った。木島に呪縛《じゅばく》され続けた一勧は、木島亡き後も唯々諾々と小池に四百七十億円を不正に融資し、小池はそれを元手に野村を始め、四大証券の株を購入し、今度は大手証券各社から利益供与にあずかった。元手がまったくない一介の総会屋が瞬く間に巨額の資産を蓄えることができた。一勧と四大証券はその錬金術を秘かに幇助《ほうじょ》していた。

ちょうどその捜査のさなかに佐々木は金融検査部に着任すると、事件は間もなく新しい職場に襲いかかってきた。金融検査部の日下部《くさかべ》元雄《もとお》管理課長や宮川宏一《みやがわこういち》金融証券上席検査官らが九四年の一勧の検査中、一勧から飲食やゴルフの接待を受けていたことが明らかになったのだ。一勧側は、小池への融資の返済が滞り、不良債権化していることが発覚することを恐れた。「冷たいものがほしい」とおねだりする検査官一行に一勧は昼食を用意し、夜の宴会を取り持ち、そして休日にゴルフに誘った。一勧側には「穏便に」と検査に手心を加えてほしい心理が働いていた。官と民が馴れ合い、検査は出来レースだった。

一勧の小池向け融資は返済が滞り、担保も不足していたのに、宮川はその報告を受けていながら検査後の講評や報告書に小池がらみの不良債権を盛り込まなかった。大蔵省の一勧検査は小池への不正融資を意図的に見逃していた。九七年にこの馴れ合い検査が発覚すると、大蔵省は当初、うやむやにしようとしたが、東京地検の一勧への捜査が進むのを見て無傷ではいられないと思い、慌てて日下部ら十一人を戒告、厳重注意などに処分することに追い込まれた。

金融検査部による大手行の検査は、二、三年おきに順番に行われるため、検査に入られる銀行側はいつごろ検査があるのか、ある程度、見当をつけることができる。そうは言っても、大蔵省の検査は建前上、何の予告もなく突然、行われることになっている。だから銀行の担当者（ＭＯＦ担当）はあらかじめ、その検査日程を正確に知ろうと、検査部門のノンキャリを接待漬けにしてでもスケジュールを探り出そうとする。佐々木はＯＥＣＤで旧共産圏諸国に近代的な金融・証券システムの制度づくりの手伝いをし、銀行検査やそれによって不良債権を把握することの重要性を指導してきたというのに、帰国したら、日本でそれができていなかった。近代以前の馴れ合い行政の世界だったのだ。

総会屋事件の捜査が進む一方、証券会社や銀行の経営が危機的な状況に陥っていった。総会屋事件で山一証券社長だった三木淳夫や日興証券、大和証券の元副社長らがこの秋以降、相次いで逮捕されるとともに、財務基盤が弱っていた金融・証券界に連鎖破綻の嵐が吹き荒れた。

経営不振の三洋証券が十一月三日、会社更生法の適用を申請して倒産し、その際に金融機関の信用で成り立っているコール市場で初めてデフォルトが起きた。瞬く間に金融システム不安が広がり、北海道拓殖銀行が資金繰りに窮して十七日に破綻。二十四日には四大証券の一角だった山一が巨額の飛ばしに耐えられなくなって破綻した。二十六日には三塚博蔵相のお膝元である仙台市の地方銀行、徳陽シティ銀行も破綻した。株式市場は「次の危ない銀行はどこか」と物色し、日本長期信用銀行や日本債券信用銀行の株価が急落した。総会屋事件の捜査と金融連鎖破綻が進むなか、大蔵官僚のスキャンダルも相次いで表面化し、多くの大蔵官僚が銀行の奢《おご》りで、若い女性がスカートの下に下着をはかないで客に給仕する「ノーパンしゃぶしゃぶ」通いをしていたことまで明るみに出てしまった。出入り業者のカネで破廉恥な店に通っていることがバレて、この国の最高学府を出たエリートたちの権威は完全に地に堕《お》ちた。

その年の大晦日、佐々木は朝日新聞の朝刊を見て「えーっ」と仰天した。一面トップにでかでかと「金融・政官癒着、3疑惑に焦点　大蔵検査官・道路公団理事への接待　東京地検」とあった。書き出しは「証券会社や銀行から大蔵官僚への高額接待などを調べている東京地検特捜部は年明けにも、贈収賄容疑での立件を目指して最高検、東京高検と詰めの協議に入る模様だ」とある。総会屋事件による相次ぐ逮捕と金融連鎖破綻のとどめは大蔵接待汚職だった。

金融監督庁発足を控え、同庁への移管が決まっていた大蔵省金融検査部は九七年暮れ、本省から離れて、霞が関ビル八階に引っ越したばかりだった。佐々木が正月休み明けに出勤しても、隣席の谷内敏美《たにうちとしみ》課長補佐の姿はない。彼は銀行検査のスケジュールを組む責任者だった。後になってわかったことだが、谷内補佐はこのとき連日のように検察の取り調べを受け

家宅捜索のため霞が関ビルの大蔵省金融検査部に入る東京地検特捜部の係官（'98年1月26日、共同通信社提供）

ていたらしかった。朝日が「立件」と報道した後、各紙が似たような前打ち報道をしたため、霞が関ビルのエレベーターホールにはマスコミの記者たちが詰めかけ、その数は日増しに増えていった。「いつ強制捜査があるかわからないので、もし地検がやってきたら、ただちに文書課、秘書課、広報室に一報を入れるように」。佐々木はそう命じられた。

一月二十六日午後四時半、遂に東京地検特捜部の一行が来襲した。マスコミの記者たちはそれを同時中継し、隊列を組む検事たちの姿が日本列島に生放送された。金融検査部の呼び鈴が鳴って、佐々木が扉を開けると、サッと令状を見せられ、五十人ぐらいの検事と検察事務官が押し入ってきた。この瞬間を待ち構えていたカメラマンが一斉にフラッシュを放った。佐々木が先導して検事たちを検査部長に案内した。急いで本省に連絡しようと自席の受話器を取ると、それを見とがめた女性の検察事務官からすかさず、「電話しないでください」と、きつい声で怒鳴られた。佐々木は「いまガサ入れが始まりました」と一報を告げるのが精いっぱいだった。

隣席の谷内課長補佐とノンキャリのトップである宮川検査官室長の二人がこの日、東京地検に逮捕された。同僚が「容疑者」になったせいか、谷内の隣席の、しかも同じ課長補佐の肩書の佐々木の席も入念に調べられた。名刺フォルダーと手帳が取り上げられ、疑わしそうに一枚、一枚めくられていく。ノーパンしゃぶしゃぶの名刺でも探していたのかもしれなかったが、ほとんどがOECD勤務時代に取り交わした海外の中央銀行や金融政策当局者の名刺を記念にとっておいたもので、英語やフランス語、ロシア語で書かれてある。親切心から「これは、こういう人ですよ」と横から説明したところ、かえって怪しまれ、すべて押収されてしまった。

三時間、四時間過ぎても捜索は終わらなかった。午後十時過ぎになって、三塚蔵相が記者会見で辞意を表明した。それをぼんやりとテレビで見る。ずっと捜索に付き合い、終わったのは明け方に近かった。押収目録にサインした。最悪の日だった。

それだけでは終わらなかった。二日後、検察から出頭の呼び出しを受けたノンキャリの金融取引検査官が官舎で首を吊って自殺した。そのことが伝わると、職場は沈鬱《ちんうつ》な空気に包まれた。佐々木は検察との窓口を仰せつかっていた。東京地検特捜部から、だれそれさんを寄越してほしいと電話を受けると、その人に「悪いけれど、ちょっと行ってくれないかな」と頼み込む係だった。しかも、事情聴取が終わって疲れ切って帰ってきた相手に「どんなことを聞かれましたか」と尋ね、メモにして課長や本省秘書課など関係する各課に配付する役目も仰せつかった。地検からは「次はだれそれを」と頻繁に電話がかかってきた。忌まわしい声だった。電話の主は大鶴基成《おおつるもとなり》という検事だった。

東京地検はこのあと、キャリア官僚である証券局総務課の榊原隆《さかきばらたかし》課長補佐とノンキャリの証券取引等監視委員会の宮野敏男《みやのとしお》上席証券取引検査官を収賄の疑いで逮捕した。逮捕する予定だった同省ＯＢの新井将敬衆院議員は、その直前に都内の宿泊先のホテルで首吊り自殺した。参考人として事情聴取されていた中小金融課の課長補佐も自殺した。大蔵関係では四人が逮捕され、ＯＢの新井を含めて三人が自殺した。

世間は東京地検特捜部の捜査に喝采したが、このころから特捜部に「暴走」「傲慢」の悪癖があらわれるようになった。「とにかく検察の捜査は乱暴だった。頭から決めつけてかかってきて、締め上げれば何でも言うことを聞くと思っているんだ」。このときにトータルで二百時間も事情聴取された野村証券の元ＭＯＦ担は言う。同じように大蔵省証券局で課長補佐だったキャリア官僚は「それまで何事もなく行われていた接待が、ある日から突然、贈収賄とされてしまったが、そんなのおかしいだろう」と憤懣《ふんまん》やるかたなかった。

本来、権力の行使に対してせめて批評的であるべきマスコミはこの当時、検察と親密な関係を結んで情報を取ることに汲々としていた。彼らはまるで戦時中の従軍記者だった。

クレディ・スイス征伐

大蔵省は北海道拓殖銀行（拓銀）の不良債権の全体像をつかもうと九七年十月から同行の特別検査にとりかかったが、検査をしている最中に拓銀は経営破綻した。山一証券に対しては破綻直後の十一月から証券取引等監視委員会と合同で特別検査を始めていた。二つの破綻した金融機関を遅まきながら検査して浮かび上がったのは、外資系金融機関が複雑な仕組みの金融派生商品（デリバティブ）を売りつけていることだった。その一つが固い守秘義務で知られたスイスの名門銀行、クレディ・スイスだった。「なんで、こんなにクレディ・スイスと取引があるんだ」。検査官たちを指揮する佐々木は釈然としなかった。

佐々木のもとに、欧州系金融機関で働く知り合いからクレディの内部資料が提供されたのはこのころだった。以前、証券局総務課に勤務していたころから付き合いのある人物だった。

「私からではなくて、落ちていた資料を拾ったことにしてください」。そう内々に渡された資料は、Ａ４判数枚、すべて英語で書かれていた。検査官の中に英語をすらすら読めるような者はない。かといって英語に堪能な佐々木も、手にした資料が複雑な仕組みのデリバティブらしいことはわかったが、何を意味しているかはつかみかねた。ただ、不思議なコードネームらしきものが印象に残った。「スノウ・フェスティバル」。仕組み全体を指す名称のようだった。「札幌雪まつりか」。拓銀むけの資料だった。

すぐに入手した資料を銀行局銀行課にも示し、「クレディ・スイスが何かおかしなことをやっているかもしれない」と伝えた。銀行課はクレディを呼び出して質問したが、のらりくらりと言い逃れをする。大蔵省もこのとき、彼らがどんな「悪事」を働いていたのか、はっきりつかみかねた。シラを切られ、突っ込み不足で終わっている。

佐々木たち金融検査部は、九八年六月二十二日の月曜日に発足する金融監督庁に「検査部」と改称して移ることになっていた。金融検査部のほか、大蔵省の銀行局や証券局が金融監督庁に移り、証券取引等監視委員会が同庁傘下に連なることになっていた。規則制定権を手放したくない大蔵省は、金融関係の法案を提案し、規則を立案できるよう金融企画局を新設して省内に残すことにし、執行の実務だけ切り離すことに同意していた。

金融監督庁が発足する前週末、東京・三田の共用会議所に内示を受けた幹部たちが秘かに集まった。渋沢栄一の私邸の一つが敗戦後、財産税として徴収されたところで、周囲はオーストラリア大使館や旧三井家の綱町三井倶楽部が並ぶ静かな一帯だった。ここなら人目につかず、マスコミから怪しまれることはなかった。極秘の会議にはうってつけだったのだ。

長官の日野正晴《ひのまさはる》は名古屋高検検事長から起用された検察官出身だった。次長の浜中秀一郎《はまなかしゅういちろう》は大蔵省で主計局や理財局が長く、金融行政にはあまり土地勘がなかった。監督部長になる乾文男《いぬいふみお》も同様である。銀行局や証券局の要職をこなし金融行政に精通した連中が、本来ならば金融監督庁に起用されてしかるべきだったが、そうした者の多くは金融機関からの過剰接待に浴していた。大蔵省は四月、百十二人の大量処分をしたばかりだった。脛に傷を持つ彼らをそのまま横滑りさせるのは、新しく生まれる金融監督庁にふさわしくなかった。

起用されたのは、浜中、乾、五味廣文《ごみひろふみ》ら結果的に金融行政にしがらみのない者たちだった。素人集団がいきなり直面しなければならないのは、銀行連鎖破綻の対処策だった。拓銀、山一に続いて日本長期信用銀行（長銀）の株が売り込まれ、破綻が秒読みに入っていた。金融監督庁の制度設計を担う設立準備室主幹から検査部長に転身する五味は、大蔵省に「危機感を共有するため、きちんとした引き継ぎをしてほしい」と要求し、それが実って三田共用会議所で極秘の合同会議が取り持たれたのだった。総括課長補佐の佐々木も出席者の一人だった。「長銀はどうしますか。いままでの検査が本当に実態を把握しているのか疑問に思います」と五味（＊2）。不良債権の実態を把握するため、これまでとは違ったきちんとした検査が必要だと彼は考えていた。「本当に客観的な実態把握ができているのか、疑問に思っていたんです。実態が把握できていないから、きちんとした対応ができていないんじゃないか、と」（五味）。監督庁発足当日の記者会見で日野が長銀について何を話し、どう答えるか、想定問答も検討した。そして大手十九行を対象に検査し、不良債権の実態をあぶりだすことになった。

金融監督庁は発足してすぐにイギリスの金融当局と協議の場をもった。イギリス側からは「日本の銀行は三月末の決算期末になると、ロンドンの拠点を使って不良債権を飛ばしている」と苦言を呈された。このとき当局者は、日本で大儲けをしている金融機関の存在を少し自慢気に言及している。その銀行は、クレディ・スイス・ファイナンシャル・プロダクツ（ＣＳＦＰ）銀行東京支店だった。スイスのクレディ・スイスは、ロンドンにデリバティブ販売の専門銀行ＣＳＦＰを設立し、その日本の拠点がＣＳＦＰ銀行東京支店である。佐々木は、ＨＳＢＣやバークレイズなどイギリスの名門金融機関よりも新興のデリバティブ専門銀行が「そんなに儲けているのか」と、むしろ不審に思った。このときからクレディの名前は気になる存在になった。

従来の大蔵省の銀行検査は不良債権の認定と行内の不祥事を把握することにあったが、検査に入られる相手の銀行と馴れ合い、形式的な面が否めなかった。「大手銀行を検査した後は、疲れたから次は地方銀行の検査に行って温泉につかってこようとか。外資系金融機関は英語がわからないから面倒なので一日だけやって日帰りで終えようとか。そういうたぐいの、くだらないことが横行していたんです」（佐々木）。いままでの検査官だけでは心もとない。会計実務に詳しい即戦力を得ようと、大手監査法人から五人の中堅の公認会計士に出向してもらい、金融証券検査官として起用した。さらに中央大教授の野村修也《のむらしゅうや》をコンプライアンス担当の検査部参事として招いた。

大蔵接待汚職の捜査の過程で同僚の逮捕や自殺が相次ぎ、金融監督庁検査部の職場の士気は高くなかった。だから新たに検査部長に着任した五味は、自信を喪失している検査官たちを意識して表舞台に引き上げ、「キミたちはレントゲン技師であり、キミたちの責務は正確なレントゲン写真を撮ってくることにある」と鼓舞することに努めた。手加減したり、相手の意向を忖度《そんたく》したりせずに不良債権の実態を正確に報告してほしかった。「あとは医者が判断するから。投薬なのか手術なのか、それとも安楽死が必要なのか。それはこっちが判断するから、恐れる必要はない」。五味はそういう言い回しで職人集団を刺激していった。

七月から大手十九行の検査を始める前に佐々木は検査官たちに「もし、『債権流動化のスキーム』というのがあったら、全部資料を出させてほしい」と注文をつけた。拓銀と山一の破綻とクレディ・スイスのことが念頭にあった。債権流動化スキームとは、「飛ばし」のことである。複雑な仕組みのデリバティブ取引をすることによって、不良債権や含み損を抱えた株を隠蔽《いんぺい》しているのではないか、と疑った。

八月の終わりごろから佐々木のもとに、段ボール箱につめこまれた「債権流動化スキーム」の資料が集まってきた。「こんなにいっぱいあるのか」。長銀や日本債券信用銀行（日債銀）をはじめ、さくら銀行や富士銀行も。とても自力では分析できない。地方財務局を使って地方金融機関も同様に検査をすると、地方からも同じようなスキームの資料が送られてきた。

それまでの検査官では複雑なデリバティブを調べる力量に不安があった。十一月に民間出身者の中途採用を募ったところ百人近くが応募してきた。翌九九年四月までに拓銀や長銀、日債銀、農林中央金庫などで働いていた二十二人を採用した。八十人ほどの検査部の職員に会計士や民間出身のプロが加わり、戦力は格段に向上した。

雇った会計士に「債権流動化スキーム」について分析を命じた。「細かなことは後回しでいいから、どういう外資系の金融機関がスキームをつくっているのか。それと悪質性を、黒、グレー、白ぐらいで分類してくれないか」。そうしたところ、一番派手にやっていたのがクレディ・スイス・グループだった。収益リストを一覧表にしたところ、一位はクレディ・スイス・グループのCSFP銀行東京支店だった。「やっぱり、こういうことか」。英当局が自慢した収益力の源泉は「飛ばし」の幇助によるものだった。そのほかドイツ銀行グループ、リーマン・ブラザーズ、メリルリンチ、モルガン・スタンレー、クレスベール証券といったところが名を連ねた。外資系金融機関が軒並み「飛ばし」商品を売りつけていた。日本の銀行は彼らのカモだった。

山一証券に至っては、クレディ・スイスの「飛ばし」商品によって含み損を抱えた株式を隠蔽してきたのにもかかわらず、破綻直前、そのクレディを「白馬の騎士」に見立てて資金支援の交渉を続けていた。山一の巨額損失の隠蔽にかかわり、不正の手口を熟知しているクレディが、財務諸表に大きな穴があいている山一を助けてくれるはずもないのに。日本の大手金融機関はそれほどまでにおめでたかった。

十一月の終わりごろには、外資系金融機関の荒稼ぎの全体像がつかめた。「これで外資系金融機関の検査計画を二、三年分つくることができるな」。そう思った佐々木が部長の五味に相談すると、「これは一度、連中をターゲットにして徹底的にやらないといけないな」と五味も応じた。現場の総指揮官に任じられたのは、英語に堪能な佐々木だった。その年の暮れ、クレディ・スイスに抜き打ち検査に入ることが決まった。

NHKが年末、金融監督庁が外資系金融機関に検査に入るとスクープした。それを見た外資系の金融機関から「ウチにはいつ来ますか」と金融監督庁に電話がかかってきた。予告なしで抜き打ちに検査に入るというのに、日時を尋ねる電話に答えるはずがないだろう。間抜けな電話だった。

金融監督庁は九九年一月二十日、クレディ・スイス・グループに無予告で抜き打ち検査を始めた。クレディ・スイス銀行、クレディ・スイス信託銀行、クレディ・スイス証券、CSFP銀行の四社を対象にした四つの検査チームが午前八時ごろ、クレディのオフィスに近い東京・虎ノ門のホテルオークラのロビーに集められた(*3)。ダークスーツに身を包んだ男たちが隊列を組んで一斉にクレディの入る城山ヒルズのビルに向かう。「金融監督庁です」。そう告げて押し入ると、受付の女性が動揺する。「いったい、これは何ですか?」。

主要十九行や地方金融機関の検査を通じて、すでにクレディが「飛ばし」商品を売りつけた尻尾はつかんでいる。「金融機関サイドの検査を通じてどんな取引があったかはわかっていました。そうして出てきた資料を事前にじっくり読みこんだうえで入ったんです」(検査官の一人)。しばらく後になって、検査部のもう一つのチームが同じ容疑で国際証券グループの国際投信投資顧問を襲っている。四大証券に次ぐ準大手筆頭の国際証券は、他の証券会社が苦衷にあえぐなかでも一社だけ業績が良かった。その秘密は、国内に営業網を持たないクレディの手先となって日本中の金融機関に「飛ばし」スキームを売りさばき、販売手数料を懐《ふところ》にしていたからであった。佐々木は合計五班の検査チームに総勢四十人の検査官を充当した。検査部のほとんどのスタッフがこれにかかりきりになった。

だが、クレディ・スイスに検査に行った検査官たちは急襲した一月二十日の夕方、カンカンになって霞が関に戻ってきた。「あいつら、けしからん」「なんだ、あの態度は」。みな怒りで顔を真っ赤にしている（＊4）。クレディは金融監督庁の検査能力を高をくくって見ていた。のらりくらりしていれば、やり過ごせると思っていた。

次の日も、その次の日も、検査官たちはクレディにいいようにあしらわれた。クレディ・スイス信託銀行のグロイタンという厳《いか》めしい顔をしたドイツ系スイス人が、検査官たちの前に立ちふさがった（＊5）。「取引内容を明らかにしてほしい」という日本の検査官の面前で、彼は「スイスの銀行は守秘義務があるので一切、協力できない」と高らかに宣言した。スイス銀行秘密法を盾にとってすべての回答を拒否した。「ここをどこだと思っているんだ。スイスじゃなくて日本だぞ」。検査官たちの頭に血が上った。

ＣＳＦＰ銀行の山田真嗣支店長は、立ち入り検査に対して「飛ばし」商品関連の書類を開示したら何らかの行政処分は免れ得ないと察知していた。ビルの見取り図を要求する検査官に対して、書類を保管しているエレベーター横の倉庫をわざと除外する虚偽の見取り図を提出して難を逃れようとした。そこは彼らが「サティアン」と呼んでいた倉庫だった。「あそこはまずいんだよね」と山田。あの倉庫はビルの共用スペースであり、自分たちが使用しているのではないと言い張ることにし、部下たちに口裏合わせを指示した（＊6）。

クレディだけでなかった。国際証券の担当幹部たちもシラを切り続けた。「国際証券とクレディ・スイスの利益配分はどうなっていますか」。そう検査官が尋ねると、「そんなものはありません」と返事する。「そんなことはないでしょう？　利益配分を契約で決めるでしょう？」。重ねて尋ねても「ありません」の一点張りだった。「検査対応が無茶苦茶悪い。我々を舐め切っている」。金融監督庁の式部《しきぶ》透《とおる》証券監督課長は呆れていた（＊7）。

事態は膠着《こうちゃく》状態に陥った。佐々木は最初から一、二ヵ月はかかるだろうと踏んでいた。検査チームの面々にこう告げた。「検査資料が出てこないのは意図的な検査忌避か、それとも検査に対応する能力がないのか、どちらかだ。前者ならば銀行法違反だし、後者なら内部管理体制がなっていない、ということになる。いずれにしろ、これは大変な問題だから業務改善命令だ」。検査官たちの前で、こんな前のめりになるキャリアは初めてだった。ノンキャリの検査官たちは佐々木のことを秘かに「保安官」と呼ぶようになっていた。「二丁拳銃をぶら下げてバンバン撃つような感じでしたね」。そう部下の検査官は振り返った。「佐々木さんは、主計局や主税局のコースを歩む主流とは、まったく異なるキャラクターの人で、事件になると盛り上がり、『何があったんだ』と追及していくタイプでした」（＊8）。

佐々木は彼らに言った。「東京を相手にしても埒《らち》があかないんだったらロンドンの本社に乗り込むぞ。ミスター・ササキがそう言っている、と伝えてくれ」と。


日本の金融機関が外資系金融機関に良いようにむしり取られるようになったのは九〇年代半ばからだった。地価や株価が下がるなか、日本の企業には、値打ちがひどく下がってしまった不良資産を、そうでないように化粧して見せかけたいという強い欲求があった。責任を追及されることを回避したい経営者の保身がなせるわざだった。「リスクを切り離す有価証券を作って、それが次から次へとリスクを飛ばしていって、でも結局最後は最初のところに戻って来る。一見しただけではわからないんだけれど、全体を見渡すと、そういう商品でした。日系の証券会社にはそういう技術も知恵もなく、やっているのは、すべて外資でした」と五味。中でもクレディ・スイスとドイツ銀行グループが目立っていた。二つの金融機関はともにデリバティブという点では祖を同じくした。バンカーズ・トラストのデリバティブチームを率いたアラン・ウィートである。ウィートは部下を引き連れてクレディ・スイスに移籍し、ドイツ銀行はその後、デリバティブに強かったバンカーズ・トラストを買収したからである。

欧州大陸の金融機関は米国ウォール・ストリートの金融機関と比べて、デリバティブや

M&Aなど先進的な金融ビジネスに出遅れていた。だからヘッドハントや買収によって弱点を強化しようとした。ウィートを得たクレディはロンドンにデリバティブ専門銀行CSFPを設立し、巻き返しを図ったのである。

クレディで「飛ばし」商品を売っているのは、ストラクチャード・トラスト・プロダクト（STP）チームのメンバーで、顧客開拓のための交際費は青天井に近かった。バブルの後遺症に苦しむ企業や学校法人を訪れては、決裁権のある特定の財務担当者を狙って接待漬けにして、クレディの「飛ばし」商品や「益出し」商品（最初に高い配当をもらえるが、結局元本は大きく毀損してしまう性質のもの）の購入を勧めた。

CSFP銀行東京支店にもバンカーズ・トラスト出身者がいた。「バンカーズにいた連中は最初から不良資産で困っている企業を知っていて、そこに営業攻勢をかけていたんです。契約にこぎつけると、すごく高いボーナスをもらっていました」（クレディ信託銀行の元行員）（＊9）。不良資産を抱えて困っている「カモ」がどの企業なのか、「飛ばし」商品を売りつけたい外資系証券会社の営業マンに広まっていた。そこに重点的に接待攻勢をかけて、相手をズブズブにして売りつける。こうしてCSFPの山田真嗣東京支店長は三年間で八億円余の報酬を受け取っていた。

国際証券にクレディから話が持ちかけられたのは九四年ごろのことだった。「たまたまクレディにウチのOBがいて、その紹介で始まったと聞いています」と社長だった中澤信雄は私にそう言った（＊10）。野村証券の国際畑を歩み、同社専務から国際の社長に転じた中澤は、クレディに移籍したアラン・ウィートがデリバティブ取引で世界的に知られた人物であることは承知していた。「クレディ・スイスが、開発したスキームを熱心に持ちかけてきたんです。それでクレディの商品を紹介して販売することになったんです」。国際証券の二人の専務が窓口になり、実働部隊になったのが傘下の国際投信投資顧問だった。

「飛ばし商品と言われますが、顧客にニーズがあったんです。ニーズを受けてクレディを紹介し、そういう商品をオーダーメイドで開発してもらって提供しました」。国際投信投資顧問の武田悠専務は、私の取材に対して悪びれもせずにそう説明した（＊11）。

クレディは山一や長銀、日債銀など大手の金融機関に売り込む一方、国際証券グループを手足に使って列島の隅々まで「飛ばし」デリバティブを売りつけた。この当時私が入手した資料によれば、赤穂信金（三十九億五千万円）、日本テレビ（三十億円）、ぎょうせい（二十九億円）といったところが大口顧客だが、洛陽女子高校や玉田学園といった学校法人も売り先にあった。金融監督庁証券監督課の調べによると、国際は九四年からの四年間で百件ほど売り、累計二十数億円の販売手数料収入を得ていた。国際以外でも山一や和光、ナショナル証券などがクレディの代理店を務め、鬼怒川ゴム工業（十二億五千万円）、沖縄県信連（十億円）、森精機（九億円）などと取引があった（＊12）。

二月に入って、三重県信用組合が国際証券の仲介でクレディの「飛ばし」商品を買っていたことが明らかになった。含み損のある七億円余の株式を飛ばしたのだが、それが二十億円以上の損失になって舞い戻ってきて、三重県信組は債務超過に陥った。損失を隠すつもりが、結局、自らの首を絞めることになった。クレディは「東京で派手にやると大蔵省に目立ちやすい」と考え、以前から地方の金融機関をカモにしていった。その一端が二月に入って露見したのだ。

佐々木は、こんなクレディのデリバティブ汚染を看過しえなかった。この当時は会計制度に時価会計が導入される前で、直接的な違法性を問えないが、会計を誤魔化す粉飾材料を高く売りつけていたことは許しがたかった。同じ相手に継続して何回も買わせ、なおかつ国際証券グループなど全国に販売網を持つ証券会社を使って日本中に蔓延させていた。そうした事実が検査によって次第に判明し、「こんなことは許すまじ」と思った。

日本の金融機関はすでに海外で痛い目に遭《あ》っていた。大和銀行のニューヨーク支店で九五年、現地採用のトレーダーが簿外取引で一千億円を超える損失を発生させたが、大和は日本の大蔵省に秘密裏に報告して善処を求める一方、アメリカの規制当局にはずっと後になって報告した。その振る舞いが米国当局から「隠蔽」と疑われ、大和は巨額の罰金を納めたうえ、アメリカから追放処分にあっている。その記憶が生々しいがゆえ、米英など海外当局が邦銀に対するのと同等にクレディに臨むつもりだった。

佐々木はイギリスの金融監督当局である金融サービス機構（ＦＳＡ）と交渉を始めた。「日本の金融機関が三月末にロンドンに『飛ばし』をすると貴方がたは言っていたけれど、それをやっているのは、そっちに本社があるＣＦＳＰです。そっちに行って話を聞きたいのですが、いいですか」。佐々木は二月に入って英当局と日程調整に入った。

「ササキがロンドンに来るぞ」と伝え聞いたクレディ・スイスの東京オフィスは困惑した。香港にいたクレディのアジア・パシフィック地域のトップであるスティーブン・ストーンフィールドが二月上旬、東京に飛んでやってきて、「すいません。書類を隠蔽していました。実は東京からロンドンに郵送していたんです」と白状した。「我々で内部調査するから待ってほしい。信用してください」とストーンフィールド。舐めてかかっていた日本の当局の本気ぶりを知って、きちんと向き合わないといけないと悟ったようだった。

そのあと、シンガポールに駐在しているクレディの内部監査チームが急遽、来日し、関係者を質問攻めにして、短期間にかなりの分量の調査報告書としてまとめた。二月十日ごろ、キングジム製のファイルで三〜四冊の調査報告書が佐々木のもとに届けられた。それを読んでわかったのは、クレディの法務部長のマイケル・ウィニングが、よりによって検査の入った日の夜、金融監督庁に見られてはまずい資料の多くを数十箱の段ボールに詰めてロンドンに送っていたことだった。明らかに銀行法に抵触する「検査忌避」の振る舞いだった。おまけにウィニングは訴追を恐れて国外に逃亡していた。

佐々木は検査チームに言った。「問題があったらどんなに小さいことでも教えてほしい。一聞いたら向こうで十ぐらいを言うよ。外国人相手ではそのくらいの調子で臨まないと、舐められて駄目だから」。大和銀行のニューヨーク支店事件も、責任を取らされたのは出先事務所ではなくて本社だった。出先を相手にしても駄目なのだ。

佐々木ら四、五人の検査チームは二月半ば、ロンドン東部の再開発地域カナリー・ワーフにあるクレディ・スイス・グループのロンドン拠点に乗り込んだ。二泊四日の強行スケジュールだった。

往路の機中でクレディのシンガポールの内部監査チームがまとめた分厚いファイルのページをめくって、頭に叩き込む。ロンドンの本部に乗り込むと、むこうは、「お手並み拝見」と、こっちを値踏みするような感じだった。デリバティブの帝王と呼ばれたアラン・ウィートが来ていた。彼らは「自分たちは違法なことは何もしていない」と言った。

「違法でなければ何をやっても良いということではないでしょう」と佐々木。「もちろん違法なことをしたら論外ですが」と続けた。

「もちろん、そうです」

「あなた方は、明らかに違法な、粉飾決算を手助けする商品を売りつけています」

「粉飾かどうかは知りません。商品は合法なものです」

「あなた方がやったことは一回、二回じゃないでしょう。何回も『飛ばし』をやって損が大きくなって戻ってきている。あなた方の売った商品で損が拡大して戻ってきて、それを知らないとは言わせない」

「そんなことは知りません」

「あなた方の『飛ばし』によって山一証券や北海道拓殖銀行、日本長期信用銀行、日本債券信用銀行が破綻し、日本の金融システムを揺るがす問題になっているんですよ」

従来の日本の行政官とは打って変わり、流暢な英語で連射する。

「あなた方はきちんと日本の出先を管理しているのですか」

大和銀行がアメリカでやられたのと同じ理屈を使った。

「私が言っているのは、日本の金融機関がロンドンやニューヨークで言われているのと同じことであって、それを超えていないはずです」

検査チームから聞いたクレディの東京オフィスのことを持ち出す。

「ゴルフ道具やスキー用品がオフィスに置いてあるというのはどういうことですか？　週末に遊びに行く道具を会社に置いておくのは不適切ではないですか」

同席した検査官の一人は「そのくらい置いてあってもいいじゃないか」と内心、思っていた。「ブラフなんでしょう、佐々木さんはわざとやっているな」と受け止めた。

「本店の、あなた方には真摯《しんし》に対応していただいていますが、どうやら東京オフィスは違うようです。週末遊びに行くためのゴルフやスキーの道具が置きっぱなしになっているんです」

「そんなこと信じられない」

向こうの法務担当者が顔を真っ赤にして、そう同調してきた。

どうせ英語も話せないだろうと高をくくっていたクレディのエグゼクティブたちが、佐々木の抗議や指摘に押され気味になる。

「あれは一種のパフォーマンスですね」。同席した検査官はこのときの模様をそう評した（＊13）。

ロンドン襲撃は効果があった。クレディ側は軟化し、「ワシントンDCの法律事務所を雇って内部調査をやりなおします」と申し出た。ウィルマー・カトラー&ピッカリング法律事務所をすでに雇っていたようで、控え室には弁護士が待機していた。

金融監督庁検査部の参事に就いたばかりの野村修也中央大教授は、検査部長の五味廣文から「事後的でもいいから、佐々木がロンドンに行ったことを正当化できる法的な根拠を考えてほしい」と言われたことを記憶している。クレディ・スイスのライナー・グート会長が来日し、金融庁高官に善処を要望してきたうえ、スイス外相が駐スイス大使の國松孝次《くにまつたかじ》に抗議したこともあった。そんなことも手伝い、野村は、佐々木のやり方を「上のほうがだいぶ気にしているな」と受け止めた(*14)。

このあと、クレディの東京における組織的な検査忌避は鳴りを潜めた。しかし、悪質性から言って見逃すことはできなかった。

CSFPの商品そのものの違法性を問うことはできなかったが、金融監督庁は七月二十九日、「不適切な商品を大量に反復継続して販売し、日本の金融市場の健全性を損ない、公益を害した」として銀行法二十七条に基づき、CSFPの銀行免許を取り消した。法律の拡大解釈だった。「やるんだったら、この『公益を害する』でいけますよ」と野村修也が進言した。「拡大解釈して、これでもできるという理論武装を考えたんです」(野村)(*15)。

グロイタンが高らかに検査拒否を宣言したクレディ・スイス信託銀行に対しても、プライベート・バンキング部門など富裕層の個人向けビジネスや、スイスの本店との顧客仲介業務について業務停止を命令した。

クレディの手足となって営業していた国際投信投資顧問にも三ヵ月間の新たな顧客との契約停止を命じた。だが、国際は納得がいかなかった。「我々はつぶれそうな会社を救ってやったんだ。まったくの素人に売りつけたのではない。悪法も法とはこのことだ」(国際投信投資顧問の武田専務)と反発し(＊16)、金融監督庁に処分内容の軽減を求めた。金融監督庁の担当課長の式部透は「国際は高をくくって、処分を値切ってきた。彼らは舐めている。コンプライアンスがまったくできていない」と不愉快さを隠さなかった(＊17)。金融監督庁は少し遅れた十一月に入って、国際証券に対して内部管理体制の改善を求める業務改善命令を下した。

悪質性からみて、それだけで済ますわけにはいかなかった。五味が、国税庁査察部で課長補佐を務めていたとき以来の知己である法務省の松尾邦弘刑事局長に相談を持ちかけた。「検査忌避という形式犯ですが、どう思いますか」と五味が尋ねると、松尾からは「こういう金融の仕組みを壊す犯罪は、きちっとやらないといけませんね」と前向きな感触が返ってきた。佐々木も法務省刑事局の局付検事に相談に乗ってもらった。

五味は検査が一通り終わった後の十一月十七日、「公務員が職務上、犯罪があったと認められるときは告発をしなければならない」という刑事訴訟法上の公務員の一般的刑事告発義務に基づいて、クレディ・スイスの銀行法違反容疑(検査忌避)を警視庁に告発した。告発に基づき、警視庁はCSFP東京支店長だった山田真嗣を逮捕した。

クレディ・スイス・グループの社員の多くがこのとき退職を迫られた。だが、儲かる日本を彼らがみすみす見逃すはずはなかった。一部は香港やシンガポール、スイスに散り、日本向けビジネスの捲土重来《けんどちょうらい》を期すことになった。

クレスベール

まだクレディ・スイスの検査のさなかの九九年五月二十四日、佐々木たち金融監督庁検査部はクレスベール証券にも抜き打ち検査に入った。クレスベールは、エコノミストと称するマーチン・アームストロングが率いるプリンストン・エコノミックス・インターナショナル（PEI）傘下の証券会社で、米国系証券会社を名乗っていたが、実際は日本でしか営業活動をしていなかった。外資系を強調した日本の証券会社だった。

クレスベールは限られた投資家だけに売る私募債として独自のプリンストン債を販売していたが、これは一種の不良資産の「飛ばし」商品で、金融監督庁が地方金融機関の検査をする過程で問題が浮かび上がった。株価が下落して含み損を抱えた株を購入時の価格（簿価）でクレスベールが引き取る代わりに同額のプリンストン債を売りつけていた。百億円のものが五十億円になってしまったが、それを百億円で買い取ってあげます、そのうえでウチの新しい商品を百億円で買いませんか——という商法である。クレディ・スイスが国際証券を使っていたのと同じように、クレスベールはワールド日栄証券など四社を販売の手足に使っていた。

検査に入って三ヵ月たった八月上旬、民間の金融機関から転職してきたばかりの検査官が、何枚かの紙を手にして佐々木の席にやってきた。

「ちょっと見てほしいものがあるんですが……」。彼が差し出したのは、アメリカのリパブリック・ナショナル・バンク・オブ・ニューヨーク銀行（リパブリック銀行）傘下のリパブリック証券が、投資家に向けて発行した残高証明書だった。リパブリック証券は、投資家が購入したプリンストン債を管理し、クレスベール証券を通じてプリンストン債を購入した投資家向けに残高証明書を発行していた。本来、残高証明書にサインするのはリパブリック証券の管理部門の人間であるはずだが、「このサインはフロントの人間のものです」と彼は言う。バックオフィス（管理部門）ではなく、営業やトレーディングをする前線（フロント）の人が残高証明の正当性を保証するなんてありえない。

サインはウィリアム・H・ロジャースとある。

「本当にフロントの人？　なんでわかるんだ」

別の書類にウィリアム・H・ロジャースというサインがある。先物取引部門の責任者とあった。

「似ているなぁ。同一人物かな」

サインの筆跡を照合すると、同一人物の可能性が高い、と出た。先物取引の責任者が、顧客の投資家向けの残高を証明することは普通は考えられない。

「リパブリック銀行の監督当局はどこ？」

「ニューヨーク連銀です」

クレディの件でイギリスに乗り込み、先方の金融監督当局の金融サービス機構（FSA）とのパイプはつくれた。次はアメリカかな、と思っていたら、現場の検査官から偽造の疑いのあるリパブリック証券の残高証明書を示された。これはアメリカに乗り込む、いいきっかけになる。

佐々木は八月のお盆休みのシーズンにニューヨークに向かった。

応対したのは連銀の女性のシニアバイスプレジデントのローナ・ポッカーだった。すでに日本の金融監督庁がクレディ・スイスに厳しい検査をしていることは向こうにも知れ渡っていた。

「クレスベール証券が、クレディ・スイスと同じように不良資産を『飛ばす』プリンストン債を発行しています。クレスベールの実質的なオーナーはニュージャージーに住むマーチン・アームストロングという男です」

持参したリパブリック証券発行の残高証明書を彼女たちに示した。

「この残高証明書は偽造されている気がします」

クレスベールは日本でしか営業活動をやっておらず、アメリカには拠点がない。逆にニューヨークの地銀であるリパブリック銀行もその傘下のリパブリック証券も日本には拠点がほとんどない。

「日本の金融監督庁に権限はないですが、日本から直接、リパブリック銀行やリパブリック証券に照会していいでしょうか。そちらにも、ことの次第は連絡をしますから」

連銀は了承してくれた。

佐々木は帰国した八月二十日ごろ、リパブリック宛てに「我々はリパブリック証券の残高証明書が偽造されたのではないかと懸念しています。本件について調査のうえご回答いただけないでしょうか」とメールおよび書簡を送った。だが、一週間経っても返事がない。もう一回、送ってみた。「先日、ご連絡を差し上げましたが、その後、調査はいかがでしょうか」。それでも返事がなく、佐々木は八月末、予定していたスイスに出張した。

スイスのバーゼルは国際決済銀行の本部がおかれ、各国の中央銀行が協力したバーゼル銀行監督委員会もそこに事務局をおく。佐々木はバーゼル委員会で金融機関の国際業務のワーキング・グループに出席するためにパリ経由で来たのだが、ホテルにチェック・インすると、フロントから「あなたがミスター・ササキですか。すぐに連絡してください」と告げられた。ニューヨーク連銀、そして日本の金融監督庁から「至急、電話をほしい」というメッセージがたくさん残されていた。あわてて電話をしたところ、「あの署名に問題があった」と告げられた。「やっぱり」。東京の次はニューヨークに電話をかけて、また東京に。もう会議どころではなかった。

リパブリック証券は九月一日、「日本の金融監督庁からの連絡を受けて内部調査をしたところ、不正行為があったので関与した社員を処分した」と発表した。リパブリック証券の社長を停職にし、ロジャースを解職した。

ロジャースは、リパブリック証券に転職する前に在職した証券会社でアームストロングを大口の顧客としていて、二人は長い付き合いだった。ロジャースが九五年にリパブリックに転職するとアームストロングも取引口座を移した。アームストロングの取引量は、リパブリックの先物取引部門の大半を占めるような大口客だったという。ロジャースは社内調査に対して、アームストロングの求めに応じて顧客の残高を偽造していたことを認めた。彼が転職してきた九五〜九九年のあいだ顧客の分別管理はできていなかったのだ(＊18)。

東京の金融監督庁は大騒ぎになっていた。全体を知るのは佐々木と、偽造サインを見つけた検査官の二人しかいない。しかも当の佐々木が国外に出張で留守だった。「あわててメールでやり取りしてね」と五味。部長の五味も全体像はわかっていなかった。顧客の預かり資産を別々に分けておく分別勘定ができておらず、どんぶり勘定のようだった。金融監督庁は九日、クレスベール証券に対してプリンストン債の販売停止を命じた。米連邦地検はアームストロングを告訴し、彼は十三日、逮捕された。

クレスベール証券のプリンストン債にこの時点で資金を投じていたのは、アルプス電気、ヤクルト、中電工、JR四国など日本企業ばかり七十六社で総額約千二百億円にのぼった。だが、ふたを開けてみると五十億円しか残っていなかった。クレスベールの瀬戸川明《せとがわあきら》会長は急遽記者会見を開き、「九九年一〜六月までに年率換算で一二・〇四%の運用成果が上がっていたと顧客に報告していましたが、すべて虚偽の数字でした」と打ち明けた(＊19)。日興証券の国際畑を経てクレスベールに転職した瀬戸川の説明によれば、アームストロングが九八年八月ごろ、ロシア経済危機やヘッジファンドのLTCMの破綻などを機に日本円に換算して五百五十億円もの損を出し、それで「日本の投資家の金に手をつけた」という。だが、それは嘘だった。むしろ実態は、新しく入ってきたお金を過去の顧客の償還原資に回す自転車操業に近かった。アームストロングが逮捕される前までは元利金の償還に応じ、それまでの累計では三千二百二十三億円償還したという。最後にババをひかされたのが七十六社だった。

クレスベールは五十人の社員を九月末までに全員解雇し、後に破産した。瀬戸川は東京地検特捜部に所得税法違反（脱税）容疑で逮捕された後、証券取引等監視委員会が証券取引法違反（偽計取引）容疑で同地検に刑事告発し、起訴された。瀬戸川は「投資家から見ると私も加害者に見えるかもしれないが、私自身は騙された被害者です」と無実を訴えたが、監視委も東京地検もアームストロングと共犯と見た。

アームストロングは一九八五年にもアメリカの商品先物取引委員会から「新聞に誇大な広告を出したこと」や「顧客に正確な情報の開示を怠ったこと」「顧客にキックバックのリベートを支払っていたことを隠していたこと」などから一万二千ドルの罰金を受けていた。

クレスベールも同じように顧客に法外なリベートを払っていた。瀬戸川はヤクルトにプリンストン債を売りつけるため、財務担当役員である熊谷直樹副社長に五億三千万円余ものリベートをひそかに渡していた。誇大広告に嘘の情報、そして巨額なリベートの存在という点で二つの事件は類似している。アームストロングはもとから詐欺師のような男で、ニュージャージーの自宅には金の延べ棒や甲冑、金貨、骨董品など日本の投資家から集めた資金で購入したと思われるコレクションがたくさんあった。しかしそれらを合計しても十数億円程度にしかならず、消えたお金の行方はわからなかった。日本の不良債権隠蔽ビジネスには、こんないかがわしい人物までが暗躍していたのだ。

リパブリック銀行はこの後、英国系の大手金融機関HSBCに身売りすることを決めた。リパブリックのオーナーであるレバノン系のエドモンド・サフラはその直後の同年暮れ、モナコの別荘を放火されて焼死した。サフラはロシアのマフィアの金を扱っていたと噂されていた。佐々木は香港出張中に怪死を告げる新聞記事を読んだ。その瞬間、「殺されたな」と思った。

左遷かと思った部署に四年いて、佐々木はすっかり脂がのってきた。嘲笑の的だった日本の金融行政が曲がりなりにも海外からも認められるようになった。「佐々木君は水を得た魚のようでした。ベテランさんたちは『変わった兄ちゃんが来た』と困っていたようでしたが、彼は独自の情報収集力があったし、古い検査部門の体質を新しい時代に即して転換することができた。彼は悪と戦う珍しいタイプだよね。伝統的な大蔵官僚とはずいぶん違います」。上司の検査部長の五味はそう評した（＊20）。

だが、金融庁の上層部の評価は必ずしも肯定的とは言えなかった。「金融界全般から『やり過ぎだ』と嫌われていて、それが金融監督庁（金融庁）の上司の耳に入ったようでした」。このまま いたかった佐々木だったが、二〇〇一年七月、財務省国際機構課の企画官に異動することになった。同僚はそれを「避難」と受け止めた。このまま在籍しても上層部とぶつかるだけ、と見られていた。

五味も検査部長を体験して「こんなエキサイティングな仕事はない」と年賀状で書くほど仕事を楽しんだが、証券取引等監視委員会の事務局長に移ることになった。一応、局長級とはいえ、そこは大蔵官僚の上がりのポストとみなされることも多いところだった。

「やり過ぎたのかなと思って。銀行検査はだいぶよくなってきたけれど、監視委はいまひとつパッとしなかったから、監視委に二年いさせてくれたら結構な卒業論文を書けるかな、と思いました」（＊21）

二人は「やり過ぎ」と受け止められていた。

第三章

ヒルズ族 鎮圧

東京地検特捜部の家宅捜索後、記者会見する堀江貴文ライブドア社長
（2006年1月23日、共同通信社提供）

セプテンバー・イレブン

二〇〇一年九月十一日、二機の旅客機がニューヨークの高層ビルに相次いで飛び込んだ。

佐々木は勤務を終えて自宅でくつろいでいるとき、テレビ朝日の「ニュースステーション」で、その衝撃的な映像を見た。ワシントンの国防総省にも同じように旅客機が直撃したとも報じられた。さすがに旅客機の自爆が相次げば、これが、ただの偶然の事故ではなく、狙い撃ちしたテロだということはわかった。

世界貿易センタービルの二つのタワーは火を噴き、巨大な黒煙を上げ、やがて崩れ落ち、その一部始終が全世界に同時中継された。三千人が亡くなり、アメリカはその威信をひどく傷つけられた。オサマ・ビン・ラディン率いるイスラム過激派アルカイダによる米同時多発テロ事件だった。この日を境に世界はそれまでと比べて大きく変わってゆき、佐々木の官僚生活もその影響を受けていくことになる。

大蔵省はこの年の一月、古代の律令制に由来する「大蔵省」の名称を捨て、財務省という平凡な名前に改めたばかりだった。佐々木は七月、金融庁から財務省の国際機構課の企画官に異動してまもなく、このときはまだ二ヵ月しか経っていなかった。企画官は、課長補佐よりは格上だが、課長になるにはまだ早く、中二階のようなポストだった。新しい職場の国際機構課は、国際通貨基金（ＩＭＦ）など国際機関との折衝や、為替、国際通貨制度に関して企画・立案する部署で、先進七ヵ国財務相・中央銀行総裁会議（Ｇ７）の事務局役も担っていた。海外出張も多く、国際局の中では花形である。

そこに着任した彼に、突然、飛び込んできたのが同時多発テロ事件だった。

Ｇ７は、一九八九年の仏アルシュ・サミットで、主に麻薬犯罪の犯罪資金を監視しようと、「マネーロンダリングに関する金融活動作業部会」（Financial Action Task Force on Money Laundering＝ＦＡＴＦ《ファトフ》）という国際組織を設けていた。テロ事件直後の十月六日、ワシントンで開かれたＧ７の会合では、「世界中のテロ資金の流れを捕捉し、テロ資金の供与を容認している国を特定すべきだ」と、テロ資金供与に関する行動計画があわただしく策定されている。特に米、英、仏三国はＦＡＴＦが従来の犯罪資金のマネーロンダリング（資金洗浄、マネロン）だけでなく、テロ資金の監視にも取り組むよう強く要求し、Ｇ７の共同声明でもそのことが位置づけられた。

といっても、パリのＯＥＣＤ本部に間借りして、二十人程度の専従者しかいないＦＡＴＦに世界中のテロ資金を監視するノウハウも能力もあるはずもない。日本に限らず、どこの国の役所も実は権限拡大を喜ぶメンタリティーは同じなのだが、このときのＦＡＴＦはそうではなかった。むしろ「テロ資金対策」という新しい仕事が割り振られることに戸惑っていた。Ｇ７は、ＦＡＴＦが力不足ならば、代わりにＩＭＦと世界銀行が代役を務めるよう望んだが、ＩＭＦとて事情は同じで、慣れぬ仕事に及び腰だった。そのＦＡＴＦの緊急会合が十月二十九、三十の両日、テロの衝撃が生々しいワシントンで開かれるという。「そこに出席してくれないか」というのが、佐々木にとって初の大仕事だった。

ハイジャックされた旅客機が凶器に使われた直後とあって、アメリカへ向かう飛行機の客席は乗客がほとんどいない、がらがらの状態だった。ワシントン市内に到着すると、アルカイダに便乗したような炭疽《たんそ》菌テロ事件が起きたばかりだったため、軍隊と警官が厳戒態勢を敷き、まるで戒厳令下のようだった。会場となった郊外のホテルも、ものものしい警備で、いかつい体格の警備スタッフが鋭い目つきで監視している。

このときのＦＡＴＦの緊急会合では、テロ資金について八項目の特別勧告をまとめることが決まった。テロ資金を供与する行為も犯罪とみなし、テロに関係する疑わしい取引の届け出の義務化や、一千ドル以上（または一千ユーロ以上）の送金には正確な送金人情報を付記することなどが盛り込まれた。国際送金システムのＳＷＩＦＴ（スイフト）が悪用された形跡があったため、スイフトへの監視が強化されることにもなった。教会のような、寄付を募る慈善団体を装って資金を集めていたらしいことから、それまで見過ごされてきた慈善団体への資金流入も新たに監視対象となった。

佐々木はマネロンとテロ資金の性格の違いをこう言う。「マネロンは犯罪収益が先にあって、ロンダリング行為が後に来る。しかし、テロ資金対策についていえば、テロを起こす前に資金集めをするのだから、テロという犯罪行為は後になる。いわばテロ資金対策をすることは犯罪行為の予防になるんです」。当然、組織犯罪などのマネロンを担ってきたＦＡＴＦだけでは、「テロ対策」という新しい所掌は手に余るため、Ｇ７の要望を受けてＩＭＦや世銀がバックアップすることになった。

大蔵省から分離独立した金融監督庁は前年の二〇〇〇年七月、大蔵省が最後まで手放さないでいた金融企画局も吸収し、金融行政の立案機能も含めて金融庁が担うことになった。金融行政はここでやっと一元化し、監督庁時代よりもさらに権限が広がった金融庁が誕生した。その代わり財務省には金融行政や証券行政にかかわる部署が完全になくなり、知見のある人もその分、減っていた。いたとしても、大蔵接待汚職の後遺症が強く、進んで金融・証券界の人と交わろうとしなくなっていた。国際機構課の職場は「金融関係の話は金融庁でお願いします」と下駄を預けたがり、金融がらみのことは金融庁から異動してきた佐々木にお任せという雰囲気だった。つまり、彼は新しい職場で、ちょっとした異邦人だった。

そうしたなか、突如、テロ資金対策という新しい仕事が降りかかってきたＩＭＦが、「人手が足りない」と各国に人材を募ることになった。カナダから早速、佐々木と同じくＧ７担当の財務省勤務の官僚が応募するという。「それだったら、自分も手を挙げてみようか」と思った。二度のＯＥＣＤ勤務によって欧州は経験したが、ＩＭＦが本部をおくアメリカの勤務経験はない。年次的に言って企画官から課長に昇進するには、まだ数年ありそうだった。二人の子供の教育にもアメリカ暮らしがよさそうに思えた。上司に「応募してもいいでしょうか」と尋ねると、意外にもすんなり了承された。テロ事件翌年の〇二年七月、ＩＭＦのシニア・ファイナンシャル・セクター・エキスパートとしてワシントンに勤務する幸運を手にすることになった。

ＩＭＦに新設された「マネーロンダリング・テロ資金対策課」は、後に二十人ほどに増えることになるが、佐々木が赴任したときは、課長と総括課長補佐と三人の補佐の、たった五人の小さなチームだった。彼が就いたポストは、そのうちの補佐だった。博士号を取得しているスタッフが少なくない高学歴社会のＩＭＦにおいて、東大卒とはいえ、修士ですらない佐々木は、周囲から一段低く見られがちだった。新設されたばかりの部署だったため、日本の財務省が指定席のようにしてポストを握っていたわけでもなかった。

佐々木の後輩の財務官僚が、財務省が持っている課長級ポストに就くことになった。だが、役所から送り込まれた後輩と、自分の意思で志願した佐々木との待遇は大きく違った。給料はおそらく彼のほうが上だったろう。郊外の大きな家に住み、車二台を持つ彼に対して、佐々木は小さな家に住み、車は一台だった。「すべてにおいて年次が優先するのが霞が関のルール。自ら志願した佐々木さんよりも後輩のほうがいい待遇なのに、それに不平をこぼさない。こういうのは珍しいですよね」。佐々木の部下だった検査官は言った(＊1)。

新設されたＩＭＦのマネロン・テロ資金対策課は、世界中の中央銀行や財政当局、金融行政当局に対してテロ資金対策がきちんと履行されているかチェックすることが主な仕事だった。佐々木はオーストリアやハンガリー、イスラエル、さらにマレーシアなどアジア各国を訪問しては相手国の当局者にヒアリングし、履行状況を確認する役目を仰せつかった。たいていの場合、帰国する前までに百ページもの長尺の報告書をまとめて相手国に示さなければならなかった。しかも帰国したら、七十二時間以内に出張報告書を提出しないと、出張にかかった経費すら精算できない。ＩＭＦが職員に求める仕事の品質とスピードの要求水準は、日本の官僚機構の比ではなかった。短期間にころころ職場を移る日本の官僚に対して、ＩＭＦには「この道二十年」といった専門行政官が少なくない。「日本の役所の論理で『次はこの年次の彼を』と言って、向こうに送り込んでいるようでは全然駄目なんです。向こうから相手にされないんです」。彼我の違いは明らかだった。

佐々木はこのＩＭＦ勤務時代、トリニダード・トバゴ、マレーシアのラブアン、マカオなどタックスヘイブンの地に初めて足を踏み入れた。税金がほとんどかからない、もしくは完全に無税なタックスヘイブンは、たいていの場合、風光明媚な小国や常夏の小さな島々にあった。そこには、会社の設立を手伝う会社設立代行業者と法律事務所、会計事務所がひしめき、わずかなお金でタックスヘイブンに本社をおくペーパーカンパニーをつくることができた。ペーパーカンパニーは、物理的なオフィスや社員を持たず、会社設立代行業者の引き出しのファイルの中か、もしくはパソコンのハードディスクの中にしか存在しなかった。会社設立代行業者の私書箱が外部との連絡手段だった。「なるほどね、こうなっているのか」。百聞は一見に如《し》かず、だった。マネーロンダリングの現場をこの目で見た経験は、後にそれなりの意味を持ってくる。大蔵キャリア官僚でこうしたところまで足を運ぶものは、それまでほとんどいなかった。みんな現場を知らないのだ。

タックスヘイブンは、税を逃れたいマネーや表に出せない後ろめたいマネーをすさまじい勢いで飲み込んでいた。そこにつくられたペーパーカンパニーをいくつも介在させると、奔流のような資金の流れは途端に見えにくくなり、本来払うべき巨額の税金は誤魔化されてしまう。そんなマネーの世界の「ブラックホール」は年を追うごとに大きくなっていった。

佐々木はＩＭＦに三年間勤務した後、日本へ帰国することになった。

打診された新しいポストは、証券取引等監視委員会の特別調査課長だった。特別調査課は証券取引法に違反する犯罪行為を摘発し、検察庁に刑事告発する捜査機関である。クレディ・スイスやクレスベール証券の経験が生きそうなポストだった。二つの事件を通じて警察や検察に多くの知己を得て、彼らと一緒に仕事をすることに抵抗はなかった。

悪くないポストだ。面白そうだった。

中央青山の解体

初仕事はカネボウの巨額粉飾決算事件だった。ちょうど特別調査課長に赴任してまもない二〇〇五年七月二十九日、東京地検特捜部はカネボウ元社長の帆足《ほあし》隆《たかし》と元副社長の宮原《みやはら》卓《たかし》らを逮捕した。佐々木が七月下旬に着任したときには、監視委が東京地検に刑事告発することが既定路線となっていた。「だから私が主体的にかかわったというわけではないんです」。特別調査課は東京地検特捜部と連携して調査を進めていた。

この二年弱、カネボウの経営の迷走は経済メディアを騒がせてきた。日本の近代資本主義を支えた名門繊維メーカーは、経営が行きづまり断末魔にあえいでいた。五千五百億円の有利子負債を抱えているのに、稼ぐ力はついえ、わずかに化粧品部門だけが健全だった。

カネボウは三井財閥の一角として三井銀行（後にさくら銀行）の手厚い庇護を受けてきたが、三井と住友が経営統合すると、それまでのような微温的な関係は成り立たなくなっていた。約二千億円もあるカネボウ向け債権の回収を急ぎたいメーンバンクの三井住友銀行の強い意向が手伝って、カネボウは〇三年十月、日用品メーカーの花王と化粧品部門を統合することを発表した。同じタイミングで、カネボウはアクリル部門から撤退する除却損を計上し、六百三十五億円の債務超過に陥ることも明らかにした（後に明らかになるが、実はずっと以前から債務超過状態に陥っており、本当の債務超過額はもっと巨額だった）。カネボウは、切り離した化粧品部門に花王が出資する四九％分（約二千五百億円）をもとに債務超過状態を脱し、あわせて有利子負債も三千億円台に圧縮したい考えだった。

ここで、花王と三井住友銀行はカネボウの窮状を見て欲をかいてしまった。花王は四九％では飽き足らず、一気に一〇〇％の完全掌握を狙って交渉を進め、三井住友も資生堂を追撃できる新しい化粧品会社の誕生に期待した。翌〇四年二月十二日にはカネボウと花王の担当幹部レベルで交渉締結寸前のところまで準備を進めたが、カネボウ社内には、強引に進む事業売却に反発が広がった。カネボウは、化粧品部門以外の繊維や食品はすべて赤字だったからである。虎の子の化粧品部門を花王に譲り渡したら、その後の経営の展望が開けるはずがない。一部の役員と労組が猛反発し、カネボウはその四日後の十六日の取締役会で花王への化粧品部門の売却を断念し、産業再生機構に支援を求めることを決めた。

ちょうどそのころのことである。再生機構の斉藤《さいとう》惇《あつし》社長は何度かカネボウに帆足隆社長を訪ねている。再生機構は前年の〇三年に不良債権処理を目的に発足したが、債権者の銀行は利用を躊躇《ちゅうちょ》し、企業側もイメージダウンを恐れて二の足を踏む。斉藤はそんな低調な利用を改善しようと、いわば外交、つまり営業活動のため、カネボウに足を運んだ。すると帆足は「経営者の責任は問われるのですか」「なにか処分はあるのでしょうか」という点ばかり気にする。斉藤は、帆足の経営責任は免れないとは思っていたが、いきなり、そう率直に伝えると相手

産業再生機構への支援を要請し、会見に臨む帆足隆カネボウ社長（'04年2月16日、時事通信社提供）

のやる気をそぎそうだった。「一度、財務状況を私どもに見せてください。あとは結果次第です。責任の取り方はいろいろとありますから」と、お茶を濁して曖昧に答える。そんなやり取りが何度か続いた。「帆足さんは、いつも自分の処分のことばかりを気にしていたな」。斉藤はそう振り返る。

このころ斉藤は、古巣である野村証券に「カネボウのアナリストレポートはないか。あったら読んでみたいんだ」と尋ねたところ、「そんなの、ありませんよ。カネボウは絶対に粉飾をやっています。そんな会社の株を勧められるわけありませんよ」と意外な返事が返ってきた。「東証は知っているの？」と斉藤。「東証だってカネボウのことはおかしいと思っていますよ」と野村の担当幹部。なんてこった。「なんで、そんな会社が上場しているんだ？」。斉藤は東証の品質管理能力に呆然とした（＊2）。

カネボウは当初、化粧品部門だけを産業再生機構に面倒見てもらうつもりだったが、最終的にはカネボウの会社全体を委ねることにし、それに伴って帆足を含む経営陣の総退陣を決めた。再生機構は〇四年三月、カネボウの支援を決めると、さっそく会計コンサルティングのKPMGを雇ってカネボウの財務状況の精査（デュー・ディリジェンス）を始めた。KPMGには粉飾決算の発見をお手のものとする専門家集団があり、再生機構は三井鉱山の支援を決めたときに利用し、在庫の評価損を隠していたことや経費の過少計上など粉飾まがいの会計処理を発見したことがあった。カネボウの件を依頼すると二週間も経たずにKPMGから「おかしい」という報告が上がってきた。再生機構の執行役員だった古賀茂明は私の取材に対して「数字が全然違う、というんです。売り上げの架空計上や資産の過大評価など明らかな粉飾決算で、証券取引法違反が疑われました。即座にこれは上場廃止になると思いました」と言っていた（＊3）。

化粧品百貨店営業推進室長から突然社長に抜擢された中嶋章義《なかじまあきよし》らカネボウの新経営陣は四月、弁護士らに委嘱した経営浄化調査委員会を設け、旧悪のあぶりだしにかかっていた。〇一年三月期〜〇三年三月期決算にかけては、なんと二千億円を超える巨額の債務超過状態だったのに、有価証券報告書では資産超過の「健全経営」と大嘘をついていたことが明らかにされてゆく。債務超過は九六年三月期から数えて九期連続という惨状で、東証の上場廃止基準に触れるのを回避するために意図的に粉飾を繰り返してきたようだった。

隠蔽していた悪事が露見しそうになって激高したのは、前社長の帆足だった。「中嶋（章義カネボウ社長）には完全に裏切られました。許せません」「僕が指名した、あの野郎（中嶋社長）には、もう本当に怒り心頭でね。子供が親を殺すようなものですよ。先輩をぶった斬るというのは、これはもう常識では考えられない。無礼千万だ」。「日経ビジネス」のインタビューにそんな怒りをぶちまけている（＊4）。

再生機構の斉藤は、そもそもは刑事責任の追及までは考えていなかったのだが、経営浄化調査委員会の検事出身の弁護士たちが「これは許せない、悪質な粉飾です」と帆足らの責任追及を唱えると、やがて「皆さんの判断がそうならば」と同調していった。再生機構が調べてゆくと、賞味期限の切れた膨大なアイスクリームが倉庫に隠してあった。売れるあてのない毛布が何年間もしまい込まれていた。「後に毛布はたしか海外の孤児にあげたんだと思う」。そう斉藤は言った。

カネボウの不正会計が明らかになったきっかけは、検察や監視委の捜査力・調査力にあったのではなく、再生機構だった。カネボウは〇五年八月、監視委が東京地検に刑事告発したのと同じ日、帆足ら三人を同様に刑事告発した。

逮捕された帆足は、カネボウにあっては傍流の男だった。大分県玖珠《くす》町出身で高校に入学して間もなく父を失い、豊予海峡を隔てた松山商科大を卒業した。関西の化粧品問屋に入社したところ、そこがカネボウ化粧品の大阪の販売会社に吸収されてカネボウグループの一員になったため、カネボウに来たという変わり種だった。明治二十年の創業以来、繊維が主流のカネボウにあって、化粧品部門の、しかも地方の販社出身というのは、傍流のさらに傍流と言えた。入社後は西日本のカネボウの化粧品販社を転々とし、地場の化粧品問屋や小売店に足を棒にした訪問営業を繰り返して、驚異的な営業成績をたたき出していった。

そんな「雑草の強さ」に惚れ込んで帆足を抜擢し、やがて社長に取り立てていったのが、カネボウの「中興の祖」として〇三年に名誉会長を退くまで三十五年余も君臨した伊藤淳二だった。伊藤は七〇年代、すでに斜陽化しつつあった繊維部門を補おうと、化粧品や食品など五つの事業の多角化を進め、「ペンタゴン経営」と称した半面、売れ残った不良在庫を取引先に引き取ってもらったように見せかける架空売買に手を染めていた。カネボウは七〇年代から粉飾が常態化していた。伊藤以来、カネボウは慶應大卒で人事や秘書など内部管理部門を歩んだものが主流をなし、歴代の社長を務めてきたが、その点でも帆足は明らかに異例だった。「帆足さんは化粧品の営業一筋の人で、地方の化粧品の店長さんや美容部員は帆足さんに心酔しているんです」。旧さくら銀行から副社長に送り込まれた宮原卓は私にそう言っていた。「それまでの歴代の人たちの負の遺産が大きい。カネボウという会社は一つにまとまっているわけではなく、それぞれの部門がバラバラで、全体を見られる人を育ててこなかった。そういう点で帆足さんは犠牲者です」(＊5)。そう帆足について同情気味に話していた宮原だが、彼は実はカネボウの財務全般を仕切り、粉飾に深く加担していた。彼は帆足と一緒に〇五年七月、逮捕された。

かくしてカネボウ最後の経営陣が訴追される一方、主犯格の伊藤は逃げおおせることに成功した。再生機構は、伊藤が名誉会長を退任した後も、都内に構えていた優雅な個人事務所の存在に驚いた。しかも賃料はカネボウに払わせていたのだった。

古賀は当時「カネボウの問題は、旧三井銀行の犯罪だったのではないか」と疑っていた(*6)。三井鉱山に続きカネボウも粉飾にまみれていた。そして歴代の三井銀行幹部は責任を問われることはなかった。このあと古賀を驚かせたのは、経済産業省の官房総務課企画室の中富泰三室長が、同省にプールされていた裏金を秘かに自身の個人口座に移したすえ、カネボウ株などに二千四百万円を投じ、短期間に二百万円の運用収益をあげていたことだった。同省の政策の元締めである官房総務課には、カネボウをどう政策支援するのか機密情報が入ってくる。中富が、破綻寸前だったカネボウ株を一点買いできたのは、そんなインサイダー情報を利用したからかもしれなかった。監視委から情報提供を受けた東京地検が〇五年四月、中富の上司の石黒憲彦《いしぐろのりひこ》官房総務課長を呼び出して事情を聴いた。北川慎介《きたがわしんすけ》秘書課長が再発防止策を講じようと、あわてて省内の株式投資の実態を調べ始めると、浮かんだのは意外な事実だった。

同省OBの村上世彰の主宰する投資ファンド(通称、村上ファンド)に出資している職員が幾人もいたのである。

帆足らが逮捕された後、カネボウ事件の焦点は、粉飾決算を許してきた中央青山監査法人の責任に移ってきた。中央青山は、前身の中央監査法人時代を含めて、監査契約を結ぶクライアントの大がかりな粉飾をたびたび見逃してきた。ヤオハンジャパンと山一証券の監査を受け持っていたが、ともに決算書類を粉飾しており、九七年に相次いで経営破綻した。ヤオハンの件では、会計士自身が架空利益の計上に加担していたことが後に露見し、大蔵省は中央青山に戒告処分を下していた。

さらに、中央青山が決算を「健全」として承認してきた足利銀行の財務内容が、金融庁の検査によって債務超過だったと判明したことが追い打ちをかけた。足利は実質破綻し、一時国有化されることになった。足利の新経営陣は〇五年九月、粉飾を容認してきた中央青山を相手取って損害賠償請求訴訟を起こし、足利の内部調査委員会の弁護士は「中央青山には看過できない重大な責任がある」と、会計士が粉飾を誘導していたことを具体的に明らかにした。例えば、含み益が枯渇した保有株式の株価が五年後には急上昇しているという荒唐無稽な見通しを立て、その値上がり益を繰り延べ税金資産に計上するよう助言したという(*7)。

佐々木が証券監視委特別調査課長に着任したのは、ちょうどそんなタイミングだった。

カネボウの粉飾決算事件で帆足ら経営陣が逮捕された際には、東京・霞が関の中央青山も家宅捜索を受け、カネボウの監査資料が押収されていた。しかし、それはカネボウ経営陣の犯罪を立証するための証拠を固めることを主眼とした捜索だった。佐々木はその点、考え方が少し違った。彼は「会計士についても立件するべきだ」という意見の持ち主だった。

大蔵省は接待汚職によって解体的出直しを図り、財政と金融が分離し、金融庁が発足した。不良債権を隠蔽してきた金融機関は北海道拓殖銀行と山一証券の破綻の後、相次いで合併を進めてメガバンクに再編されたり、外資の軍門に降《くだ》ったりして生まれ変わり、昔の姿のままのところはほとんどなかった。「これまで大蔵省や銀行の責任が問われてきたのに、十分に議論されなかったのが監査法人のあり方でした。私は金融監督庁で検査を担当するうち、会計監査が非常に重要だと考えるようになったのです」。海外の金融当局を観察すると、多くが銀行の検査に監査人を活用していることに気がついた。特にイギリスをはじめとする欧州諸国がそうだった。スイスの金融監督当局が、少ない要員でクレディ・スイスやＵＢＳなど巨大銀行を監督できたのは、銀行監査人を巧みに使って金融機関の財務上の問題点を探り出す点にあった。イギリスやフランス、ドイツも同様に監査人を活用していた。日本のように役所が自前で検査部門を持ち、まるで捕物帳のように金融機関に抜き打ち検査に入るのと比べると、だいぶスマートなやり方だった。それだけ監査人への信頼度が高かったとも言える。クレディの事件を通じて彼我の差を思い知ったのだった。

それに加えて、アメリカでエンロン事件が起きた。エネルギー取引改革によって台頭したニューエコノミーの旗手エンロンは、自らを化粧するために様々な手練手管を使っていた。資産価格の下落をヘッジするはずのデリバティブ取引の相手は、自らが設立した実態のないペーパーカンパニーだった。エンロンが資産を売却して特別利益を上げた相手は、同じようにエンロンが迂回融資して設立した特別目的会社（ペーパーカンパニー）だった。人を煙に巻くような複雑な会計操作の化粧を剝ぎ落とすと、まるでタコが自らの足を食べるようなことをやっていた。それが明るみに出ると、すべての信用を失った。過去の決算にさかのぼって損失を計上せざるを得なくなり、株価と社債の格付けは暴落し、あっという間に経営破綻した。

欺瞞《ぎまん》に満ちたエンロンの決算を「正しい」と承認してきたのが、世界五大会計事務所のひとつ、アンダーセンだった。アンダーセンはエンロンの会計疑惑が報じられ始めると、内々に大量のエンロンの監査資料を破棄し、証拠隠滅を図った。彼らはエンロンにだまされた被害者のふりをしたが、本当は自らの関与を隠したい共犯者だった。米司法省がアンダーセンに対して刑事訴追の手続きに入ると、アンダーセンに監査を依頼していたクライアント企業が続々契約を解消していった。やがてアンダーセンはヒューストン連邦地裁で有罪判決をくらい、監査業務を停止せざるをえなくなり、ついには廃業に追い込まれた。

こうしたエンロンとアンダーセンのあっけない崩壊を受けて成立したのが米企業改革法

（サーベンス・オクスリー法）だった。そこで導入された目玉施策が、会計士を監督する独立機関「公開会社会計監督委員会」（Public Company Accounting Oversight Board＝ＰＣＡＯＢ）の創設である。それまでは会計士業界の自主的な規制機関があったが、ほとんど機能していなかった。そこで米証券取引員会（ＳＥＣ）傘下にＰＣＡＯＢを新たに設けることにし、会計事務所はあらかじめ、このＰＣＡＯＢに登録し、規模の大きな会計事務所は毎年、その検査を受けなければならなくなった。

そんなアメリカの企業統治改革の動きに追随して、日本でも二〇〇四年、金融庁の傘下に公認会計士・監査審査会が設けられた。それゆえに、「二〇〇〇年代前半に監査をめぐる環境が大きく変わったのに、ここでカネボウの監査を受け持った中央青山に対して何もしなくていいのだろうか」というのが、当時の佐々木の問題意識だった。しかし、この当時の証券取引等監視委員会の内部で、監査人のあり方について問う雰囲気は乏しかった。中央青山を家宅捜索した東京地検特捜部もあまり変わらなかった。

問題意識の乏しさを知って佐々木自らが資料を作成し、大鶴基成特捜部長に説明に上がった。「エンロン事件以降の会計監査への厳しい見方を踏まえて、刑事的な処分の必要性を訴えたんです」。大鶴と仕事で接点を持ったのは大蔵接待汚職、クレディ・スイス事件に続いて、これが三回目だった。

カネボウの財務状況を調べていた産業再生機構も、中央青山の会計士が粉飾に積極的に加担していると疑っていた。中心にいたのが、カネボウの監査チームを率いてきた佐藤邦昭《さとうくにあき》会計士だった。佐藤は二十年近くカネボウの監査を受け持ってきた。「馴れ合いでやっていて、ひどい癒着だった」（斉藤惇社長）。東京地検特捜部は帆足らの逮捕から約二ヵ月遅れて九月十三日、カネボウの監査を担当してきた佐藤ら中央青山の会計士四人を逮捕し、このうち佐藤、徳見清一郎《とくみせいいちろう》、神田和俊《かんだかずとし》の三人を起訴した。

中央青山は、旧中央、旧青山の二つの監査法人が合併して二〇〇〇年に発足した大手監査法人だった。代表社員（パートナー）を務める古手のベテラン会計士を頂点にいただく「部門」が法人内にいくつも割拠し、それぞれの部門の中で徒弟社会を形成する。上下関係がモノを言う相撲部屋のような狭い社会では、若い会計士が疑問を抱いてもベテランの鶴の一声で闇に葬りさられてしまうことがしばしばだった。カネボウの監査でもそうだった。その中心にいたのは逮捕された会計士たちよりも、さらに古い世代の谷良平《たにりょうへい》だった。谷は常に会社の肩を持ち、利益の架空計上などの粉飾を見逃してきた。若手が「おかしいじゃないですか」と突き上げると、「そんなのは問題じゃない」と強い口調で一蹴した。

「彼が『問題はないんだ』と言い出したら、それを突き崩すのは相当の覚悟と理屈が必要でした」。後に中央青山の理事長になった奥山章雄《おくやまあきお》は打ち明ける(*8)。方針を変えたら、過去谷が敷いたレールを佐藤たちは軌道修正する勇気を持たなかった。方針を変えたら、過去の先輩に中央青山が「適正」とみなした財務書類が虚偽だったことになり、谷をはじめ歴代の先輩の顔に泥を塗ることになる。会計数字を根拠にして冷徹に「ノー」を突き付けることはできなかった。会計士たちは過去のしがらみにがんじがらめになっていた。

神田がカネボウの監査に携わるようになった一九九九年三月期決算が、中央青山にとって軌道修正するチャンスだった。カネボウ監査チームは改めて財務状況を精査して、カネボウフーズ北海道販売などフーズ六社に不良在庫があるなど粉飾の実態をつかんだ。佐藤ら会計士たちは巨額の不良在庫や連結外しの問題点をカネボウの経理担当者に指摘して是正を求めたが、「いままで見過ごしてくれていたのに急に厳しいことを言われても困る。債務超過になって経営破綻してしまう」と逆につめよられ、押し切れなかった。常にカネボウの肩を持ってきた谷以来の呪縛を解き放てない。結局先送りを決めた(*9)。

日本の監査法人はひとたびその企業を担当すると、十年、二十年と担当を続けることが多く、自然と癒着を生んだ。奥山は佐藤に同情的だ。「佐藤さんは『自分が悪いです』と言って、言い訳をすることなく、全部かぶったんです」。

再生機構が収容したカネボウはこの後、切り売りされることになった。化粧品部門は花王に、繊維事業はセーレンに、日用品など三事業はユニゾン・キャピタルなどにそれぞれ売却されて解体されてしまい、百二十年近い歴史に終止符を打った。会計士が起訴された中央青山も、金融庁から監査業務について二ヵ月間停止を命じられる厳しい処分を受け、評判を気にした顧客企業が続々離れていった。提携相手の米プライスウォーターハウスクーパース（PwC）は、まるでアンダーセンの崩壊をなぞるような中央青山の醜態に愛想を尽かし、あらた監査法人を旗揚げして、中央青山所属の会計士とその顧客を奪っていった。中央青山は、みすず監査法人と改称して出直しを図ったが、この後に日興コーディアルグループの不正会計を中央青山時代に適正と認めてきたことが明るみに出て、ついに命脈を絶たれた。

ちょうどこの事件の取材の最中、中央青山出身の若手会計士は、こんなことを私に教えてくれた。「カネボウに限りませんよ。退職給付債務を甘く見るため割引率をいじったり、損失を抱えた子会社を意図的に連結から外したり、会計の現場で起きていることはむちゃくちゃですわ。大御所の会計士が『これでいい』と言ったら、私ら逆らえませんもん」。そのうえで彼はこう打ち明けた。「ITまわりがやばいです。言いなりになる監査法人を雇って、そうとうむちゃくちゃなことをやっています」。彼が「あれは、おかしい」と名指ししたのは、ライブドアとその監査を受け持つ横浜市の港陽《こうよう》監査法人だった。

ライブドアを率いる堀江《ほりえ》貴文《たかふみ》社長が、ちょうど郵政選挙に出馬してマスコミを沸かせていたころのことだった（＊10）。

ライブドア急襲

佐々木が、「東京地検特捜部と一緒にライブドアについて内偵を進めている」と部下から報告を受けたのは二〇〇五年暮れのことだった。それまで、そんな大それた事件を秘かに調べているとは、まったく知らされていなかった。だから耳を疑い、「これは大変なことになるな」と直感した。

アメリカのＩＭＦに勤務していた時期のことだったが、ライブドアがプロ野球に参入しようとして日本の球界が大騒ぎになっていたのは知っていた。オリックスと近鉄の球団合併交渉が進むなか、ライブドアが近鉄買収に名乗りを上げたのだ。その後、楽天やソフトバンクも新規参入の意向を表明するなど球界再編が加速する大騒ぎになった。そのときにヒーローのように持ち上げられたせいか、この後の堀江は世間の耳目をひくのが中毒になったように、フジサンケイグループのニッポン放送への敵対的買収を企て、さらに落選したものの小泉政権の放った刺客として衆院選に出馬した。ニッポン放送株の取得は、株式公開買い付け（TOB）という定石によらず、時間外取引という奇手によってなされたが、それを金融庁は「規制の対象とはならない」（伊藤達也金融担当相）と許容した。「ホリエモン」と呼ばれた彼は、小泉政権の時代の新自由主義を象徴する寵児だった。

インターネット広告会社のライブドアマーケティング（LDM）社長だった小宮徳明《こみやのりあき》のもとに、東京地検特捜部の斎藤隆博《さいとうたかひろ》検事から「ライブドアの件で話を聞かせてほしい」と電話があったのは、佐々木に部下から報告が入るより前の十二月六日のことだった。斎藤は証券取引等監視委に出向していたが、ちょうど佐々木と入れ違いで検察庁に復していた。

小宮は日興証券などを経てLDMの前身のバリュークリックジャパンにCFO（最高財務責任者）として入社した。同社は二〇〇〇年五月に東証マザーズに上場したが、同じ時期に上場したライブドアに〇四年に買収され、LDMと改称し、ライブドアの本社がある六本木ヒルズに移転した。しかし、小宮はライブドアの体質や堀江の人間性に馴染めず、〇四年暮れに退職していた。電話の翌日、地検に出頭すると、斎藤は、LDMをはじめ、ライブドアが買収した結婚仲介サイト運営会社のキューズネットなどに対して国税庁が行ってきた税務調査の資料を持っていた。

「あなた方は、粉飾していませんでしたか」

「いや、そんなことしていませんよ」

そう小宮が答えると、斎藤は不服そうだった。

「一晩考えて出直してきてください」

そう斎藤は告げた。以来、任意の事情聴取が始まった。

小宮が知っているライブドアは会計ルールを無視し、売り上げや利益を付け替えることが横行する会社だった。後に彼が法廷で語った証言によると、ライブドアに買収された後の〇四年七月、ＬＤＭが一～六月までの半期に六千数百万円の赤字になっていることを堀江に報告したところ、「これじゃあウチが買収した意味がない。ウチで利益をつけるから」と厳しく叱責された。決算期末が過ぎた後だったので「いまから数字を変えるんですか」と、小宮は驚いた。堀江が「ウチのメディアに広告を出せば黒字になるだろう」と言った。架空の広告を出し、売り上げを水増しし、利益を出すことだな、と思った。小宮にとって、買収されて新しいボスになった堀江の、初めての指示が粉飾決算だった。

ライブドア・ナンバーツーのＣＦＯの宮内《みやうち》亮《りょう》治《じ》が数日後、とりなすようにやってきた。

小宮は架空の売り上げ計上をやりたくなかったので、「第２四半期だけで勘弁してもらえませんか」と述べ、通期では赤字転落が避けられないことに理解を求めると、宮内はその方向で堀江の説得を引き受けてくれた。宮内はその足で堀江に「小さい赤字ですから」と了承を求めたのだが、ボスは「黒字じゃないとまずいよ」と言って、聞く耳を持たなかった。

ＬＤＭは収支改善のため、四人の社員を削減し、ライブドアから毎月五百万円の広告出稿をしてもらったが、なおも一～九月期通期で二千五百万円の赤字だった。すると、それを知った堀江が九月の戦略会議で、「なんで、まだ赤字なんだ」と激怒した。「なにやってんの？今回は許さないよ。通期で黒字にしてもらう」。小宮が「現状では無理です」と答えると、「なんで、なんで。これではリリース（発表）できないよ。どっからか利益を持ってくればいいじゃない」とまくしたてた。小宮は、堀江の強い口調に黙り込んでしまった。小宮の後任社長にライブドア取締役の岡本《おかもと》文人《ふみと》が就任することが内定していた。堀江は小宮を無視して、岡本に向かって「何とかしてください」と言った。

岡本がやったのは、ライブドアがすでに買収していたものの、まだ連結対象には入っていなかった結婚仲介サイトのキューズネットから架空の広告を出稿してもらうことだった。キューズネットは七～九月の三ヵ月間、ＬＤＭに広告を出稿していたことにして、毎月三千五百万円、合計一億五百万円の広告料を払うことにした。ＬＤＭがキューズネットの業務をやったことは一切なかったが、あたかもそれが行われていたかのように帳票類は整えられた。

東京地検特捜部の斎藤は、こうしたからくりをある程度把握していた。「キミたちの会社に突然一億五百万円の売り上げがあるけれど、これは何なんですか？」。書類や伝票は整えていたが、後付けの売上高、後付けの利益であることを小宮は知っている。「私は反対したんですが……」。自らの潔白を示すため、自宅のパソコンにあったメールの記録をＣＤにコピーして、検察に持って行った。東京地検特捜部にとって宝の山だった。以来、小宮はライブドアの強制捜査が始まる〇六年一月十六日まで約二十回の取り調べを受けた。

斎藤は「投資事業組合を使った企業買収についても聞かせてほしい」と言ってきた。彼は、ＬＤＭがマネー情報の出版物を発行する出版社マネーライフを傘下に入れた経緯を知りたがった。

それこそがまさにライブドア流の錬金術だった。マネーライフをあらかじめライブドア傘下の投資事業組合で買収しておくが、そのことを伏せたまま、後日、株式交換によって買収するよう発表し、発行した新株を投資事業組合に秘かに持たせておく。この新株を市場で売り、売却益を還流させてライブドア本体の売上高や利益に計上するという手法だ。つまり、企業買収のために株式交換で発行した新株を、市場で自ら売ることによって売却益を稼ぎ出す錬金術である。

マネーライフは本来、四千万円程度の企業価値しかなかったが、LDMが買収するにあたって企業価値を四億円と過大に見積もった。企業価値の過大評価はその分、株式交換で発行する新株の量が増えることになる。ちょうどライブドアがプロ野球の新規参入を宣言して一躍、知名度が高まったころだった。LDMは〇四年十一月、株式の一〇〇分割を発表した。株式分割はそもそもは企業価値の増大とは関係ないが、この当時は分割された後の新株発行までにタイムラグがあり、一時的な品薄が株価上昇を煽ることが知られていた。ライブドア本体が〇四年二月に一〇〇分割を実施し、株価が爆発的に急騰することを体験済みだった。宮内は「一〇〇分割で需給バランスが悪化し、株価が高くなるので、売ると四億円のものが四十億円になる」と思い、そのことを堀江にメールで知らせている。

株式交換で発行した新株を息のかかった投資事業組合に持たせておき、それに一〇〇分割のような株価が暴騰する手法を使って高値で売り、売却収入をライブドア本体の売上高・利益に還流させる――。特捜部はこうした構図を想定した。

小宮の事情聴取が進展していた〇五年のクリスマスのころ、フジテレビ社会部の丸山穣記者から小宮に「特捜部に呼び出されていますね？　どんな話をされているのか、お話を聞かせてくれませんか」と電話があった。その半年前の七月ごろ、小宮の自宅のマンションをフジの若い記者が突然訪ねてきたことがあった。「僕らはライブドアの粗探しをしているんです。何かご存じないですか」。ニッポン放送株を大量取得してフジと争ったライブドアだが、結局フジはライブドアからニッポン放送株を買い戻すと同時にライブドアに出資し、両社は提携関係を結んでいた。

フジの日枝久会長は出資後のライブドア株が上昇したことを「キミたちすごいな。ライブドアの株は売らずに、もっと株価が上がるのを待ちたい」と喜んでいるかのようなことをライブドアの面々に言っていたが、その裏でフジの記者たちは堀江の「粗探し」をしていた。小宮がフジの若い記者を追い返すと、そのあと、丸山が小宮の家に来た。「僕らは会長の指示で動いているんです」。日枝の命を受けてライブドアを洗っているという。そのときの丸山が特捜部の動きを知って、再び小宮に接触を図ってきたらしかった。

待ち合わせ場所の帝国ホテルには丸山や平松秀敏らフジの三人の記者がいた。「小宮さんは特捜部に呼ばれていますよね。僕たちは日枝会長、宮内正喜常務の指示で、以前、小宮さんから頂いた名刺を特捜部に提出しました」。なんだって。俺はフジに売られたのか。だから斎藤に突然呼び出されたのだ。愕然《がくぜん》とした。しかし、ひとたび動き出した捜査を、もう止めることはできない。以来、検察の事情聴取が終わって検察庁を出るたびに、フジの記者が用意した車で食事に連れ出され、何を聴かれたのか根掘り葉掘り質問されるようになった。小宮は、彼らが「交際費はいくらでも使えますから」と言っていたのを覚えている（この間の経緯を私が、このときのフジの記者に尋ねると「個別の取材については、お答えしかねます」という返事だった）（＊11）。

それからしばらくして読売新聞の記者も小宮の自宅を訪ねてきた。彼が核心を突いた質問をしてくる。「ライブドアが買収したはずの会社の株式を投資事業組合が持っているのは、なぜでしょう」（＊12）

時代の寵児を狙った捜査が隠密裏に始まっていた。フジなどいくつかのメディアは、つかんだ情報を特捜部に持ち込んでいた。東京新聞やＮＨＫのように水面下の動きを察知し、独自に取材に動いていたところもあった。それなのに特捜部と共同で捜査に当たっている証券取引等監視委員会特別調査課の部下たちは、課長である佐々木に何も知らせないでいた。やっと報告を受けたのは、監視委の三人の委員に彼らが説明しなければならなくなったときだった。つまり強制捜査に入る直前だった。監視委の事務方トップの事務局長に対しても、どうやらそのようだった。

監視委の事務局長を経て、このときは金融庁長官だった五味廣文はこう回想する（＊13）。

「監視委の成り立ちがそうさせてしまったんです。監視委は、検察庁の出先機関として証券犯罪を専門的に扱う部隊になっていました。僕らは上司といっても、リポート・ラインじゃないんですよね」

損失補塡問題など第一次証券不祥事を契機にして大蔵省は監視委を設立したが、大蔵官僚に証券犯罪摘発のノウハウがあるはずがない。監視委スタッフとして国税査察官や地方財務局の金融検査官に人材を頼ったが、彼らとて証券犯罪にはズブの素人で土地勘はない。そこで、こうした査察官や検査官の育成のために検察庁から検事に出向してもらっていた。監視委の花形部署であり、犯罪捜査をつかさどる特別調査課は、まさにそうした傭兵の検事たちが幅を利かせる職場だった。管理官や調査官といった肩書で常時四、五人の検事が出向していた。しかも監視委を統べる委員長は検察ＯＢが就任することが多かった。

「僕が事務局長時代は、もう割り切って個別の事件のことは逐一聞かないようにしていました。途中経過を聞いても判断しようがないから、出向してきた検事が、やはり検察出身の監視委員会の委員長と親元の東京地検特捜部と相談して進めていました」（五味）

佐々木が課長になったときも、まさにそうした組織風土にあり、大蔵キャリア出身の幹部は無視されるのが通例であった。「面白そうなポストに就いた」と勇躍した佐々木からすると、無視されて不愉快極まりない。このとき検察庁から出向していた特別調査管理官は、まるで佐々木を相手にしなかった。「それはひどくて、ガチガチに固くて」(佐々木)。報告すべき上司は、監視委の委員長と東京地検特捜部長と心得ているように思えた。「私にも報告してくださいよ」。なだめるように言うと、激烈な反発を食らった。「捜査には口を出さないでください」――。捜査の秘匿性を盾にとって自分たちが好きなように事を進め、上司である課長や事務局長には一切知らせない。上司なのに口をきいてくれないのだ。特別調査課はまるで組織の体をなしていなかった。検事は尊大で、組織の規律は独善的だった。それは、まるで統帥権を盾にとった戦前の帝国陸軍のようであり、満州国でふんぞり返っていた関東軍のようでもあった。

そんな状況で事件がはじけた。

二〇〇六年一月十六日、東京地検特捜部と証券取引等監視委員会は六本木ヒルズ三十八階のライブドアを電撃的に急襲した。日本中のマスコミを呼び集めて生中継させた家宅捜索だったが、この時点での容疑は、子会社のライブドアマーケティング(LDM)が出版社のマネーライフを株式交換で買収した際の、偽計取引と風説の流布(証券取引法違反容疑)だった。小宮が特捜部に協力して話した内容が土台になっていたようだった。やがて社長の堀江貴文をはじめ、宮内、岡本、中村長也《なかむらおさなり》の各幹部が逮捕され、ライブドアの監査を受け持っていた港陽監査法人の二人の会計士も在宅起訴された。

特捜部は、一〇〇分割で株価が高騰しているときに、株式交換で発行した新株を秘かに売って売却益を還流させている、と疑った。実際にＬＤＭの岡本文人社長は、そうするつもりだった。小宮からは「一〇〇分割の高騰時に合わせて株式交換をするのは不正行為です」と諫言《かんげん》されていたが、宮内亮治から「バレないので絶対に大丈夫」と言われ、堀江貴文からも「ライブドアグループの方針としてお願いできませんか」とメールが来ていた。岡本は罪悪感を抱いたが、不正行為に関与することに批判的な小宮に対して「今回もこの取引で企業利益を計上しようと思います。これを拒否するのであれば役員を退任すべきです」とメールを送った。

だが、そうは言ってみたものの、岡本は「人生をかけるくらいに」悩み、結局は直前になって悪事に加担することをやめた。顧問弁護士の指摘を受け、結果的に小宮の諫言に従ったのだ。「莫大な利益を逃しました。でもホッとしました」と岡本。一〇〇分割で意図的に高騰させて儲けたという、検察が当初描いていた見立ては当てが外れた。

ただし、株式交換で発行した株が彼らの利益の源泉であったことには変わりがない。港陽監査法人の赤坂和仁会計士はこの一件よりも以前の〇四年一月、彼らが自社株を売った儲けを連結計上していたことを知って、彼の上司である小林元に「もう言葉がありません」とメールを送っている。赤坂の指摘を受けると、宮内と中村長也は赤坂を会議室に促し、「ファンドを複数通しているので大丈夫。バレない」と迫った。赤坂はおかしいと思ったが、宮内は「もし表面化したら我々が知らないところで発生したと言います」と強弁した。結局、港陽監査法人は黙認した。ライブドアは〇四年九月期決算で、自社株の売却代金の還流によって売上高を三十七億円余も底上げした。後にそれが粉飾とされた。悪事に気が付いていたのに、監査法人はそれをたしなめることをせず、まったく機能していなかった。

強制捜査が始まった後、記者レクが必要ということになった。記者クラブにいる記者たちは情報を求めて獰猛《どうもう》になっているというのに、佐々木には説明する材料が何一つ与えられなかった。部下から事前に言われたのは「全部、ノーコメントと言ってください」だけだった。腹を空かせている記者たちに与えるエサは「ノーコメントです」だけ。「こっちは本当に材料もないし、資料も持っていないのに、一方で検察は裏でこっそり、べらべらしゃべっているわけでしょう」。佐々木は情けなくなった。

そういう状況下に置かれても、下からの報告は上がってこない。当時のマスメディアは佐々木と大鶴基成特捜部長との深い交流がライブドア摘発の背景にあったと報じたが(＊14)、内情はそれほど麗しいものではなかった。

「大鶴さんとご縁があったので特捜部に話を聞きに行ったのです。大鶴さんは、てっきり私が事件の指揮をとっていると思っていたのですが、途中でそうではないと気づいたんです。『えっ、佐々木さんは、ご存じないんですか』と」。恥を忍んで事情を打ち明けて、やっと特捜部長から事件の進捗《しんちょく》や背景についての情報を教えてもらう。同じような情報は自分の率いる特別調査課の部下も知っているはずなのに、彼らは自分にはまったく報告しない。以来、佐々木は大鶴から教えてもらうようになった。

こうした当時の特別調査課の職場環境は、佐々木をして「こりゃ駄目だな」と思わしめるものだった。課長の佐々木こそ金融庁内のオフィスに席を持っていたが、調査にあたる数十人の実働部隊は少し離れた永田町合同庁舎に席があった。その距離感も円滑なコミュニケーションを妨げているように思えた。少しでも距離を縮めようと、差し入れを持参して激励に訪問する佐々木は、面会した部下に「出向している検事から『課長には話すなよ』と言われているんです」と言われ、愕然とせざるを得なかった。

それまでに体験したことのない組織だった。出向している検事は独善的に振る舞うものの、彼らが矢面に立つことは決してなく、いざ何か起きたら責任は課長の佐々木にふりかかってきかねない。「情報を共有するということを極端に嫌がるんです。何かを尋ねようものなら『捜査には口を出さないでください』と言われてしまうんです」。大きな権力を握った組織が、外部からのチェックを拒絶し、唯我独尊をほしいままにしたらどうなるか。この四年後、朝日新聞がスクープした大阪地検特捜部の証拠改竄事件によって検察の権威は失墜することになるが、それにはこんな下地があったのだ。

接待汚職で霞が関の筆頭省庁である大蔵省をやり込めた検察庁は、すっかり増上慢になっていた。

ライブドアは、投資事業組合を幾重にも重ね、自社株を売った代金が自分たちに還流している仕組みが容易に露見しないようにしていた。企業買収の際に株式交換という手法によって発行した新株が、彼らの急成長を支える利益の源泉と知られれば、ベンチャー企業としての腕白ぶりを買っていた人でさえ鼻白むだろう。だから彼らは企業買収を進めるうち、投資事業組合やＳＰＣ（特別目的会社）と呼ばれるペーパーカンパニーを幾重にも絡めて複雑にカモフラージュするようになった。資金は日本だけでなく香港、英領ヴァージン諸島（ＢＶＩ）、スイスなど国際的に移動し、全体像を把握するのは容易ではなかった。資金の流れを追いかけると、まるでロシア人形のマトリョーシカのように、人形の中に人形があり、さらにその中にも人形があるような形でペーパーカンパニーが介在していた。そんな仕掛けだった。

蚊帳の外に置かれていた佐々木が、この事件で貢献できたことがあったとすれば、その点の解明だった。堪能な英語とＩＭＦのマネーロンダリング・テロ資金対策課への出向経験を生かして、「海外」にあたってみることだった。そんなときにライブドアがクレディ・スイスの力を借りて、いくつものＳＰＣをつくり、資金移動させていることがわかった。

金融監督庁の検査によってプライベート・バンキング部門が閉鎖された後も、クレディ・スイスは、スイスや香港の拠点から営業マンを出張ベースで日本に送り込み、顧客に危ういサービスを提供していた。それに加えて、元同行員が代表を務めるコンフィアンス・サービセーズＳＡという代理店を東京においてもいた。

二〇〇三年に山口組五菱会の闇金事件の犯罪収益がクレディの口座に隠されていたことが明らかになったが、その手助けをしたのもクレディの香港支店に勤務する日本人のプライベート・バンキング担当者だった。

クレディ・スイスは不良債権を隠蔽する飛ばし商品の乱売に続き、ヤクザの犯罪収益のマネーロンダリングにも手を染め、そしてライブドアのマネロンを疑われる国際資金移動にもかかわっていた。「これは、クレディ・スイスのところもやらなくちゃだめだよ」。佐々木が課内でそう投げかけたが、英語を読んだり書いたり話したりするのが得意ではない部下たちは消極的だった。国際司法共助の刑事手続きは時間と手間がかかり、使い勝手がよくない。刑事手続きではなく、佐々木がこれまで培ってきたような金融行政の国際協力の仕組みを活用したほうが機動的に対応できそうだった。

佐々木は強制捜査から二十日後の二月六日、スイス連邦銀行委員会の国際司法共助部門の責任者であるマーク・シーゲル宛てに書簡を送っている。尋ねたのは、法人としてのライブドアや逮捕された堀江、宮内、岡本らライブドア幹部の口座情報やクレディの彼らへの信用調査情報、そしてクレディが協力して設立したSPCの名称とその受益者に関する情報だった。「真の受益者が誰なのかわからないようにするため、お金の流れをわざとわかりにくくさせていました。投資事業組合やSPCをいくつもかませていたのは、そのためだったのでしょう。だから、こうしたSPCの受益者が誰なのかはっきりさせることが欠かせなかったんです」。質問状を送った後、佐々木は大鶴に断って秘かにスイスに飛び、連邦銀行委に情報共有を依頼した。特捜部長と話をつけたうえで監視委の特別調査課長がスイスまで調べに行くというのは前代未聞だった。責められたクレディ側も「検察がスイスの司法当局に捜査共助を求めるよりも、日本の証券監視委がスイスの銀行監督当局に協力を依頼したほうが情報が早いことがわかっている」と、佐々木の手際の良さに感心した。

だが、佐々木が疑ったようなマネロンの事実は存在しなかった。ライブドアのやっていたことはマネロンではなく、後ろめたいカネの出どころを誤魔化して売り上げや利益に計上することだったからだ。佐々木の狙いは不首尾に終わったものの、「わかりにくくさせているのは、山一や拓銀のときの飛ばしデリバティブと同じ。複雑にして海外に飛ばして、わざとわかりにくくさせているのは、おかしい」と怪しんだ。「常識の感覚」からみてライブドアのやり方は不自然すぎた。

ライブドア事件は、大鶴の率いる東京地検特捜部も佐々木が課長の証券監視委特別調査課も、その捜査方法について強い批判を浴びた。ずっと水面下で内偵し、突然強制捜査に突入するという従来の捜査手法は、日々動く株式市場を相手にするには、硬直的かつ刺激が強すぎた。強制捜査が始まると、東証は大量のライブドア株の売り注文をさばき切れなくなり、すべての銘柄の取引停止に追い込まれた。東証の取引停止は前代未聞で、特捜部は影響の甚大さに驚き慌てた。摘発するにしても、副作用が少ないもっと穏健な手法を検討すべきだったが、そんな発想はなかった。

監視委の属する金融庁のご都合主義的な対応も浮かび上がった。そもそもライブドアが時間外取引を使ってニッポン放送株を大量取得した際、脱法性が疑われはしたものの、金融庁は「適法である」と堀江の正当性にお墨付きを与えた。あのときはグレーな手法を「白」と判定したのに、その翌年には別のグレーな取引を「黒」と断罪することになったのだから、金融当局の振る舞いはそのときどきの時流に迎合した便宜主義的な対応とみなされても仕方がなかった。

世間受けを狙った「犯罪の摘発」ではなく、むしろ「犯罪の未然防止」や「市場の規律の維持」のために、市場の監視役である監視委が早期に柔軟に対応すべきだったのではないか。そんな反省が佐々木にはあった。突如物々しい捕物帳を展開する検察型の手法は、感受性の高い市場に対して強毒性があった。その半面、刑事事件で有罪にできそうな固いところだけを切り取って起訴するものだから、事案の全体像をゆがめてしまう。後講釈だが、「おかしいな」と感じたら、早い段階でライブドアの担当幹部を呼び出して、警告を発するだけでも抑止力になりえたのではないか、と思ったのだ。

金融機関や証券会社からマネロンや犯罪資金の動きが疑われる「疑わしい取引」の届け出が警察庁に寄せられ、それが監視委や国税庁などにも配付されていたが、この当時の監視委はそれを活用する感度も乏しかった。監視委は、年間数千件の「疑わしい取引」を見て、犯罪の未然防止や市場の規律維持に役立てる発想や洞察力を欠いていた。

監視委は発足以来、犯罪調査を担う特別調査課と証券会社の取引の検査を受け持つ総務検査課の二課体制できたが、〇五年になってアメリカの証券取引委員会（SEC）をまねて、行政罰を下す方法として「課徴金制度」が導入され、新たに課徴金調査・有価証券報告書等検査室という部署が設けられたばかりだった。佐々木は言う。「刑事事件一本だと、いちいち裁判所の令状を取らなければならず、手続きに時間がかかってしまいます。市場に対応するには迅速性が大事だから、もっと行政調査を多用したほうがいいんです」。だが、ライブドア事件当時は課徴金制度が導入されて八ヵ月程度しか経っていなかった。「制度はできていても実際に運用するという点では、まだ当時はノウハウも乏しく人材も育っていなくて無理でした。せっかく制度ができたのに、まだ運用が始まっていない時代の、まずい面が出てしまったんです」。

時代の寵児を狙い撃ちした割には、東京地検が事件として切り取った部分は小さかった。佐々木はこのころ、証券取引法がインサイダーや相場操縦など流通市場に関するルールばかりを定め、監視委も流通市場の監視だけを重視してきたことに疑問を抱くようになった。ライブドアが問われた本質は、そうした流通市場の問題ではなく、株式交換や株式の一〇〇分割、自社株の売却代金の計上など「発行市場」の問題だった。「株価を形成する流通市場ではなく、資金調達の手法など発行市場の問題ではないか、と思ったんです。しかし、それを律する条文がありませんでした」。

ライブドア事件は最終的に自社株の売り上げをライブドアの売り上げや利益に計上した「粉飾決算」として問われることになったが、佐々木はむしろ一連の取引を包括的に見て、全体が投資家を欺く「偽計」だったのではないか、と考えるようになった。

堀江逮捕後にライブドアの代表取締役に起用された熊谷史人《くまがいふみと》は、自らが巻き込まれた事件を佐々木とは違った角度から振り返る（*15）。

「あの事件を粉飾と言われてもピンとこないんです。むしろあれはインサイダーだったんじゃないでしょうか。インサイダーだったら、すっきりするんです」

投資事業組合とSPCからなる複雑なマトリョーシカ人形を作った責任幹部は、宮内亮治であり、彼と高校時代からの友人だった中村長也だった。この二人がライブドアのファイナンス部門を率いていた。そして投資事業組合を主宰していたのは、強制捜査直後に沖縄で自殺した野口英昭だった。彼は草創期のライブドアのメンバーで、後にエイチ・エス証券に転職していた。彼ら三人はライブドアの自社株の売り時を決められるか、もしくは経営情報を知りうる立場にいた。三人は売却代金を秘かに私的に流用し、フェラーリの購入などに充てていた。さらに野口はライブドアがバリュークリックジャパン（後のLDM）を買収することを知って、秘かにバリュークリックの株を買っていた。

「インサイダーの共謀という点ではグレーだったんじゃないかと思うんです。しかし、そうだとすると、堀江さんを主犯にしにくくなったのかもしれません」

検察は堀江主導の構図に固執した。検察は堀江法廷の冒頭陳述で、堀江の「そんなに儲かっちゃうの。そりゃー凄いねぇ」「また儲かっちゃうのかもしれないね。そうしたら上方修正だね」などの発言をちりばめて、堀江主導を印象づけようとしたが、一審の東京地裁の小坂敏幸裁判長は、小宮が疑問に思った架空売り上げの計上こそ堀江自らの指示と認定したが、それ以外の自社株還流の仕組みなどは「いずれも宮内が中心となって計画、実行したもの」で、「検察官が主張するように被告人（堀江）が最高責任者として本件各犯行を主導したとまでは認められない」と判決文に明記した（＊16）。

ＣＦＯの宮内は、港陽監査法人の会計士だった小林元と一緒にゼネラル・コンサルティング・ファームというコンサルティング会社を設け、ライブドアグループの経理書類や税務書類の作成を請け負い、そこからも収入を得ていた。小林はライブドアの監査から離れた後も、ライブドアを担当している後輩会計士から「手数料」として小遣いをもらっていた。本来チェックしあい、牽制しあう人たちが一体となっていた。

そして堀江は、成長期のベンチャーが赤字であるのは決して恥ずかしいことではないのに、過大な目標を立てて無理に黒字に装うよう部下に強いていたのだった。

村上ファンドの崩壊

ライブドアの捜査を通じて東京地検特捜部と証券取引等監視委員会が認識したのは、前年の二〇〇五年二月にあったライブドアのニッポン放送株の大量取得の指南役に村上世彰がいたことだった。

村上は一九五九年、大阪に生まれ、灘中・高卒業後、東大に入学。佐々木とは同級生で、親しく話したことはなかったが、互いに間接的な知り合いがいる顔見知りではあった。通商産業省に入省して十六年間、官僚生活を送ったのち九九年、オリックスと共同出資でM&Aコンサルティング（通称、村上ファンド）を起業した。二〇〇〇年に昭栄への敵対的な株式公開買い付け（TOB）を仕掛けたことで一躍、時の人になった。以来、村上ファンドは、一株当たり純資産よりも株価が低い企業や、上場している意味を見出しかねるような企業の株を買い集めては、資産を吐き出させたり、自分が買い占めた株を買い取るよう要求したりするアクティビスト・ファンド（モノ言う株主）として存在感を発揮してきた。彼らも六本木ヒルズにオフィスを構え、ライブドアや楽天、USENなど新興企業の社長に対して、あたかも「指導教官」のように振る舞っていた。

村上が、彼のインサイダー疑惑が調べられていると知ったのは、まだライブドア事件の捜査が続いていた五月半ばのことだった。事情を聴かれていたライブドアの幹部たちは「村上さんが我々のインサイダー情報を知った後でニッポン放送の株を買い増していたことにして、検察が強引に持って行こうとしている」と漏らしていた。

このころ村上ファンドはヒルズを捨てシンガポールへの移転を公表し、大半のメンバーが家族を連れて移住する計画で、村上も目抜き通りに購入したプール付きの豪壮なマンションに引っ越したばかりだった。

村上は捜査が自身の周辺に及ぶことについて「一体何を言っているのか」と思い、五月三十一日、「ようし、僕が検察を説得してやろう」と意気込んで帰国した。担当の森本宏検事による取り調べにも否認を貫きとおし、六月三日には村上ファンドの顧問弁護士である中島章智弁護士に否認のプレスリリースを出すよう指示した。

しかしその日の深夜、投宿先のホテルにいた村上と村上ファンドの幹部を結んだ電話会議を機に事態は急変することになった。取り調べ検事からは村上ファンドの幹部四人――村上と滝澤建也《たきざわけんや》、丸木強《まるきつよし》、岡田裕久《おかだひろひさ》が逮捕される可能性があるとほのめかされていた。刑事事件化を見越して雇ったヤメ検弁護士、則定衛《のりさだまもる》（元東京高検検事長）ら弁護団も、同様の見通しを示していた。村上以外のメンバーはそれに愕然とし、夜遅くまで話し合ったすえ、村上に電話をかけてきたのだった。警察官僚出身で、村上ファンドのコンプライアンス担当の滝澤が「このままではファンドが瓦解する。俺はファンドを守る」と自己保身を優先させた。しばらく沈黙が続く。岡田裕久が「何も知らない自分が逮捕されるのは耐えられない」とこぼし、通産省時代の村上の部下だった石井賢史が「村上さん一人で行ってください」と言った。一人ずつかわるがわる電話で村上にそれぞれの想いを告げた。「それが皆の総意なのか。真実を貫くのが我々の取るべき道ではないのか」と村上。皆が長い沈黙で応じた。村上は仲間たちの裏切りに驚いたが、意を決し、「わかった」と言った。

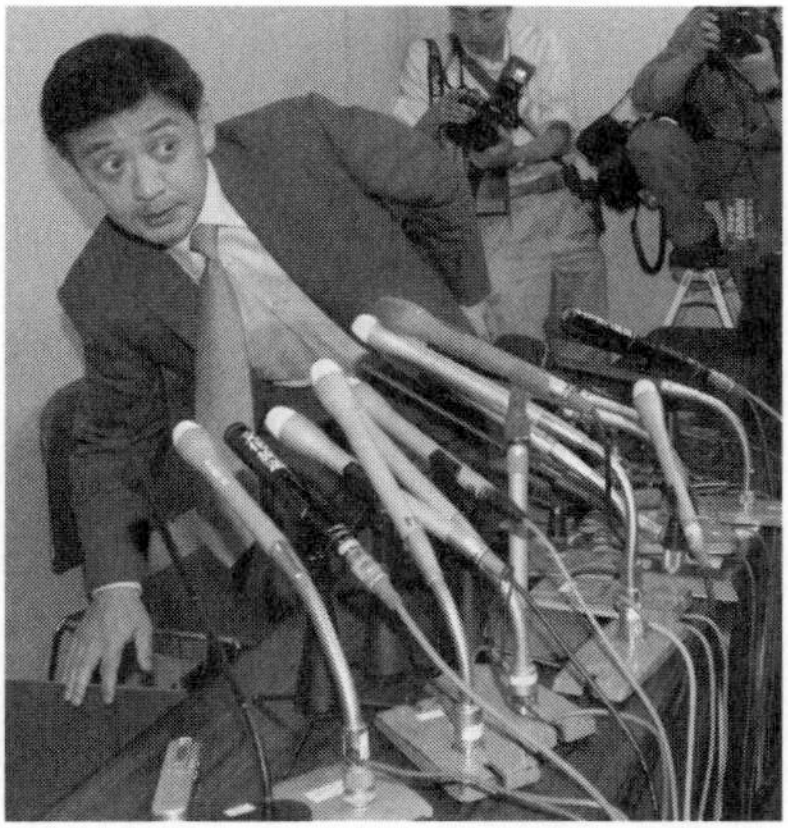

東京証券取引所での記者会見に臨む村上世彰氏
('06年6月5日、共同通信社提供)

四日の朝、全員がそろってホテルを訪ねてきた。丸木と中島が「やはり無罪主張で頑張るべきだ」と進言したものの、すでにそれ以外の多勢が村上を差し出すことに傾斜していた。「多くの者の意見に従おう。俺はそういう男だ」と村上は決した。この日の取り調べから村上ファンドの幹部全員が一斉にインサイダーの容疑を認める供述をした。丸木は無念さがこみ上げて泣いた。「本当は違うんですが、認めましょう」と泣きながら検事のストーリーに迎合した。そして日本経済新聞がダメ押しするかのように五日の朝刊一面トップで、村上ら四人が逮捕されると報じた。

村上はすべてを一人でかぶることにした。六月五日、東京証券取引所の記者会見場に姿を現した村上は「自分にとってミステークはある。検察の言う通り、私はプロ中のプロとしての認識が甘い」と述べ、四日夜に検察の調書にサインしたことを明らかにした（*17）。

村上のインサイダーとは、ライブドアをそそのかし、ニッポン放送株を買うように仕向け、彼らがそうすると知ったうえで村上がニッポン放送株を買い増したことをいう。

村上は二〇〇四年九月十五日、「N社について」というプレゼンテーション資料を持参して、ライブドアの堀江に対して、これまで村上ファンドが買い進んで一八％余を持つニッポン放送株を取得する妙味を解説した。当時ニッポン放送はフジテレビの二二・五％を持つ筆頭株主だった。「ウチの保有分（一八％余）に、あと三〇％強集めれば経営権も取得できる、そうしたらフジもついてくる」と持ちかける村上に対して、堀江は「フジテレビいいですね」と乗ってきた。

堀江は、慶應大卒でゴールドマン・サックスなどを経て入社した塩野誠《しおのまこと》を担当者に据えた。村上ファンドには、たまたま塩野の学生時代の友人（女性）がいた。以来、二人が担当者として互いに連絡を取り合うことになった。「かなり面白いゲームじゃない」と彼女がメールをすれば、「かなりでかいゲームだね。僕だけで極秘でやれと言われています」と塩野が応じる。二人はこの日、そんなメールを交わしている。まるで大学生のサークル活動のノリだった。

ライブドアの宮内亮治と中村長也は、ニッポン放送株を買い集める資金をクレディ・スイスから調達することを検討し、打診してみると資金を借りられそうな感触を得た。塩野は十月八日、堀江に「経営権を取りに行きたい」とメールで報告し、堀江は「気持ちよく行ってください。日本のＡＯＬタイムワーナーを作りましょう」と返信する。塩野はそれを受けて村上ファンドの旧友に「買収資金の借り入れが可能になりました。早急にミーティングを開いてください」と持ちかけた。十一月八日に設定された両者の会議で、堀江は村上に対して「もうやりますんで、よろしくお願いします」と言った。

検察はこれをインサイダー情報の伝達とみなし、村上は「伝達を受けたわけですから、それ以降、ライブドアが事実を公表するまでの間はニッポン放送株を取得してはいけなかった」と供述した。翌〇五年一月六日に三度目の両者の会議が開かれると、堀江は開口一番「ニッポン放送にＴＯＢをしたい」と宣言した。村上は「インサイダー情報になるから物騒なことは言わないでくれよ」とたしなめ、村上ファンドの滝澤ら主要メンバーは「どうせ、できるわけはないだろう」と軽んじたが、堀江たちは本気だった。

いったん有罪を認めた村上は後に裁判で無罪を主張することに転じたものの、東京地裁の高麗邦彦裁判長は検察側の主張に全面的に軍配を上げ、村上がライブドアに持ちかけた〇四年九月十五日の会議から堀江をその気にさせて、十一月八日の会議でインサイダー情報の伝達を正式に受けたと認定し、実刑判決を下した。

しかし、東京高裁の控訴審で門野博裁判長は一審判決を破棄し、インサイダーの成立した時期を一審よりもずっと限定してみせた。ライブドアが本格的にニッポン放送株取得に向けて動き出した〇五年一月以降、堀江の意欲を知っていたにもかかわらず、村上ファンドがニッポン放送株の買い増しを続けていた点をインサイダーとみなした。一審で三ヵ月間だった違法期間を一ヵ月に狭め、この間の株取引を「明らかに法を無視したものといわなければならない」と執行猶予付きの有罪判決を下し、最高裁でも確定した。

証券取引等監視委員会は、村上が逮捕される数年前から村上の動向、特に株の買い付け手口などを注視してきたという。だが、東大の学生時代からの古い知り合いの逮捕の方針を佐々木が知ったのは、これもまた直前のことだった。特別調査課の部下が簡単な資料をもって説明に来た。「次は村上をやります、と。一応、インサイダーで狙うとか簡単な説明があっただけでした」と佐々木。すべて東京地検特捜部主導で、佐々木の出番はほとんどなかった。「検察的にはうまくいったということなのでしょうが、金融行政的にはどうだったのかな、という疑問が残りました」。刑事事件になる前に金融行政の面で指導ができれば、事態は軽微に済み、株価暴落や東証の取引停止など社会全体が負担しなければならないコストは低く抑えられるだろう。一方で取り締まられる側は規制緩和によって自由を手にした半面、市場参加者としての規律を顧みていないようにも佐々木には思えた。

村上は、二十年以上前に共通の友人の結婚式で佐々木があいさつしたのを覚えているが、さりとて取り立てて親しい会話をした記憶はない。一七年に出版した自伝の中で自身のインサイダー事件についての言及は少ない。ただ「私の中ではいまだに、当時のライブドアの状況と、彼らと私たちとの間でのやり取りがインサイダーに当たるものだったのだろうか、と違和感が残ったまま」と記している(*18)。私が村上に当時のことを尋ねても、「過去のことを振り返るよりも、未来のことを考えたいと思っております」と答えるのみで、多くを語らなかった(*19)。

ライブドアと村上ファンドの摘発によってヒルズ族の栄耀栄華《えいようえいが》の時代はあっけなく終焉し

た。六本木ヒルズに入居していた楽天やヤフーは十把一絡げに見られるのを嫌がり、別のビルに移転した。堀江たちがニッポン放送の株を買い占める資金を用立てたリーマン・ブラザーズの日本法人もヒルズにあったが、二年後の二〇〇八年九月、経営破綻し、世界経済に大混乱を招く「リーマン・ショック」を引き起こした。やがてこの出来事は、歴史的事件に位置付けられ、後々まで子供たちの教科書に名前を残すことになった。

佐々木の特別調査課長時代の、最後の事件が愛知県の醬油メーカー、サンビシの粉飾決算事件だった。〇五年に倒産したサンビシは、日経平均先物の取引の失敗を隠すために子会社に損失を飛ばしていたが、それらを意図的に連結対象から外していた。債務超過だったのにそれも隠していた。悪事を幇助していたのが、クレディ・スイスだった。

経営破綻後、証券取引法違反（粉飾決算）容疑で社長は〇七年一月に愛知県警に逮捕され、監視委は同二月、名古屋地検に刑事告発した。「（一九九九年の）クレディの検査のときに入手した資料を活用できていたら、もっと早く問題を摘発できたんですが、そういう仕組みになっていなくて」と佐々木は言った。

幅広く飛ばしデリバティブをまき散らしたクレディによる汚染は、まだ片付いていなかった。

第四章

私書箱957号

衆議院財務金融委員会で質問に答えるAIJ投資顧問の浅川和彦社長

（2012年4月13日、共同通信社提供）

佐渡賢一

佐々木は証券取引等監視委員会の特別調査課長を二年間勤務した後、二〇〇七年七月、監視委の総務課長に昇進した。時を同じくして、在任六年の高橋武生《たかはしたけお》に代わって、福岡高検検事長の佐渡賢一《さどけんいち》が監視委の新しい委員長に就任することが決まった。

佐々木総務課長の初仕事は、佐渡新委員長の着任準備の打ち合わせをすることだった。これから上司として仕える佐渡とはどんな人なのか、検察庁の知り合いに聞くと、「特捜のプロ。捜査の神様みたいな人だよ」と言う。彼は「でも」と付け加えて、「とにかくしゃべらない人、『アー』とか『ウー』とか、『あいうえお』しか言わないんだ」と言った。

その数日後、佐々木はそれが真実であることを確認した。このとき京都に住んでいた佐渡に「上京はいつになりますか」と電話を入れると、返事は「アー」や「ウー」だった。何を聞いてもぶっきらぼうで、本当に「あいうえお」しか言わないのだ。

七月二十日の委員長就任の記者会見を前に佐々木が打ち合わせに行くと、佐渡は意外なことを言う。「監視委は行政組織だろう。行政組織ならば、もっと迅速に対応しなくちゃ」。監視委は委員長をはじめとして検察出身者が組織を牛耳り、法律に違反する事件の調査（犯則調査）を重視した犯罪摘発機関として歩んできたが、佐渡はそうした検察型の捜査とは別に、課徴金制度や開示検査など行政上の権限をもっと重視したほうがいいという考えらしかった。

風貌も口の利き方も特捜検事そのものなのに、それまで監視委に出向してきていた検察出身者とは異なる姿勢に、むしろ面食らったのは行政官である佐々木のほうだった。

佐渡は「監視委は行政組織なんだから、もっと迅速に対応しなくちゃ」と、課徴金制度を重視するようなことを言った。意図するところは、検察出向者が仕切る特別調査課が、検察の出先機関として、その下請け的な仕事をしてきた体制からの転換を図ろうというのだった。

証券取引等監視委員会の委員長に就任した佐渡賢一（'07年7月20日、時事通信社提供）

佐渡は就任会見で「当委員会は、市場の公正さを汚す不心得者には怖い存在であり、一般の投資家には心強い存在でありたいと望むものであります」と抱負を語った。

佐々木はやがて、検察の知人の漏らしたもう一つの佐渡評に得心することになる。その知人は、「あの人は、意外に行政センスのある人だよ」と言ったのだった。

佐渡賢一は一九四六年、北海道旭川市に生まれ、早大法学部卒業後の七一年に検事に任官した。大阪、函館、横浜各地検などを経て東京地検特捜部に勤務し、リクルート事件や仕手集団「光進」事件、東京佐川急便事件などの捜査やその指揮にかかわってきた。

佐渡を委員長に任命する人事案が国会で成立したのが六月二十日だったため、少なくともそこから着任するまでの一ヵ月間は監視委の抱える問題を予習する時間があったわけだ。

検察は、佐渡と同時に、岡村和美《おかむらかずみ》を監視委に新設された次長級のポスト、国際・情報総括官に送り込んだ。彼女は早大法学部卒業後、長島・大野法律事務所の弁護士を経て米国系投資銀行のモルガン・スタンレー証券（日本法人）の法務部長に転じ、その後、四〇代になって検事になり、法務省初の女性課長という触れ込みで刑事局国際課長に起用されるという、極めて珍しいキャリアを歩んだ人だった。米ハーバード・ロー・スクールに留学し、米国弁護士の資格もあるうえ、モルガン・スタンレーに勤務して証券会社の実務にも知見がある。

従来の監視委は、委員長を除けば、特別調査課に出向した特別調査管理官が検察出身者の最高位のポストだったが、法務検察の序列では課長級にも届かない地位で、カウンターパートが平検事になってしまうことがしばしばだった。そのうえ、因習固陋《いんしゅうころう》の癖のある管理官が続き、監視委の空気を極端に悪くした。そんなことが影響したのか、検察は佐渡と岡村をセットにして監視委の立て直しを企図したようだった。少なくとも佐々木はこのとき、そう受け止めた。

佐渡は委員長に着任すると、早々に監視委の組織としての病弊を察知した。事務局長や佐々木らと課題を話し合い、今後の方針を固めてゆく。それが九月にまとめられた「公正な市場の確立に向けて～『市場の番人』としての今後の取組み」という活動方針だった。それは監視委に転機を促す内容だった。

監視委は、ライブドアのきわどいファイナンスに何ら警告を与えることなく、突然、東京地検特捜部とともに証券取引法違反容疑で強制調査・捜査を始め、その手法が強い批判にさらされた。「市場の番人」を名乗ってきたものの、満足に機能していなかったことが図らずも明るみに出てしまった。本当なら堀江という悪い奴を懲らしめて喝采を浴びるはずだったのに、自分たちの手法や組織のあり方が「時代遅れ」と逆に非難されることになった。こうした指摘にこたえて自己改革を試みたのが、この活動方針「公正な市場の確立に向けて」だった。そこには佐渡監視委の考えがよく凝縮されている。

一つは、検察への刑事告発一辺倒からの脱却だった。刑事事件として立件するには裁判で有罪に持ち込めるだけの証拠を固めなければならず、調査に二、三年も要してしまうケースも出てくる。日々激しく動く株式市場のなかで、怪しい振る舞いをする相手に対峙するには、あまりにも柔軟さや迅速さを欠いていた。

アメリカの証券取引委員会（ＳＥＣ）には制裁金を徴収する権限があり、これが違法行為への抑止力となっていることが知られていた。日本でも一九九八年ごろ、金融ビッグバンの制度改革に伴い、監視委に米ＳＥＣをまねた課徴金制度を導入しようという機運が高まったが、内閣法制局が「課徴金を払ってひとたび制裁を受けた後に、もし刑事罰が科されるとなると、憲法の禁止する二重処罰になりかねない」と難色を示した。当時の大蔵省証券局はそれを説得して突破するほどの力を持たず、このときは結局、導入が見送られてしまった。

やっと二〇〇五年になって監視委でも課徴金制度が導入されたものの、現場はすぐには新しい制度を使いこなせなかった。監視委が本格的に制裁措置として課徴金の納付を命じるよう金融庁に勧告するようになるのは、日興コーディアルグループが傘下の投資会社、日興プリンシパル・インベストメンツを使って利益を水増ししていたことが発覚した〇六年十二月を待たねばならなかった。

「ライブドア事件のときに『出てくるのが遅い。もっと早く手を打たなかったのはなぜか』と言われてしまったんです。従来の犯則調査では手続きが面倒で時間もかかってしまう。そこで、監視委は行政機関なので、違反行為には課徴金制度を使ってタイムリーにやれ、と。

そういう風に仕事の仕方を変えていったんです」。佐々木はそう解説する。

もう一つはそれに伴う組織運営の大きな改革だった。監視委は「検察が取ってくれないと仕事にならない」（ノンキャリ出身の課長）といわれる刑事告発優先主義だったため、出向検察官が仕切っていた特別調査課が大きな顔をしてきた。違法行為が疑われる情報はすべて特別調査課に優先的に集められ、他の各課は特別調査課がどういう判断を下すのか、指をくわえて待っていなければならなかった。株価が変動する世界を相手にしているのに、もたもたしていたら事態はすぐ変わってしまう。特別調査課が摘発するのかしないのか、水面下で調査をしているのか、それとも立件を見送ったのか、他の各課には動きがまったく見えなかった。その一方で特別調査課には、抱え込んで「未処理」のまま、不良在庫としてたまっていく案件が増えていった。

佐渡はこれを大きく変えた。それまで不審な情報は特別調査課に優先的に知らせてきた慣例を改め、まずは分析の専門集団として設けた市場分析審査課が窓口になって調べ、そのうえで同課が取引調査課、開示検査課、特別調査課など各課に振り分ける仕組みにした。情報の流れを変えたのだ。

「情報の入り口が大事なのですが、それまでは市場分析審査課は特別調査課のほうだけを向いて仕事をして、極めて単線的だったんです。それを、情報が入る市場分析審査課が、これは犯則調査なのか、それとも開示検査や課徴金処分など行政対応で済ますのか、監視委の全体的な戦略を考えるコーディネート役になるよう改めたんです」（佐々木）。市場分析審査課は毎日、個別銘柄の値動きを監視する一方、外部からもたらされる年間六千〜七千件もの提供情報もチェックする。それまでは特別調査課に持ち込むと立件までに数年かかることもあったが、各課に振り分けて行政処分で対応するようにしたら、数ヵ月から一年程度で課徴金納付の勧告ができるように変わったという（＊1）。

佐渡は部下たちにことあるごとに「監視委は市場監視の警邏係《けいら》だよ」と言った。何かおかしな取引や不審な株価の動きがあったら、当事者を呼んで「ちょんちょんと肩をたたいて質問をするのが大事」というのだった。いきなり大げさなガサ入れを仕掛けるだけでなく、むしろ大きな犯罪になる前の未然予防が大事という考え方だった。

ちょうどそのころ、東証マザーズに上場する広島県福山市の半導体・電子デバイスの検査装置メーカー、オー・エイチ・ティー（ＯＨＴ）の相場操縦事件が起きた。ＯＨＴの株価は〇七年一月に百五十万円をつけたのをピークに五月の連休明けには急降下し、十分の一以下の十数万円に暴落した。藍澤証券やタイコム証券、エイチ・エス証券、リテラ・クレア証券など約二十社に開設した口座を通じて、個人投資家がひたすら信用取引でＯＨＴ株を買い進んだが、急な下落によって、買い進んでいた上場企業の部長や建設会社の役員でも追い証（追加担保、保証金）を払えない人が続出した。兜町で言う「鉄砲」騒ぎだった。

「鉄砲」とは、大量の買い注文を出して株価を吊り上げておきながら、その代金の払い込みを踏み倒し、その一方で以前から仕込んでいた株を高値になった瞬間で売り抜けるやり方をいう。証券界では代金を払わないで逃げることを、株を意味する「玉」という言葉と、「撃つと戻ってこない鉄砲の弾」をかけて、「鉄砲を撃つ」と言われてきた。昭和三〇～四〇年代に流行った手口だった。それがいまどき復活したのは、ネット取引の審査が対面取引よりも甘く、そこにつけ込まれたからだった。「楽天証券も派手にやられたよ」（楽天の國重惇史副社長）、「九人のお客様が追い証を払えなくなって十億八千万円ほど当社が立て替えることになりました」（藍澤証券の阿部正博取締役）（＊2）。各社、手痛い目に遭った。

数億円の被害に遭ったという中堅証券会社のコンプライアンス部次長は「引け際の大量注文や意図して吊り上げるような怪しいそぶりはまったくなかった。ただ、個人口座の割には取引額が一億円以上と大きいので、『どうかなぁ』と思っていたら、やられました」と言う（＊3）。同社の場合、互いに面識のない個人客十五、六人がＯＨＴを信用取引で買い進んでいた。「複数の人間が同時期に同じ銘柄をいくつもの証券会社を使って信用取引で買い進んでいたんです。誰かの指示に従っていて、みな『信用できる人の指示通りにやっている』と思っていたようです。お金を出してもらっている人もいて、名前を貸しただけの借名口座にかなり近い状態です」。そう次長は言った。これら証券各社の被害額は総計百三十億円に上った。

しかし、監視委は鉄砲騒ぎの初動に遅れた。別の相場操縦事件で起訴されていた投資顧問会社幹部ら二人をさいたま地検に告発したものの、中心人物の一人である椿康雄《つばきやすお》弁護士を海外に取り逃がしてしまった。椿は、元NHKキャスター宮崎緑の元夫で、六本木ヒルズに自身の椿総合法律事務所を開設していたが、本業は仕手筋と組んだ株取引のようだった（国外逃亡した椿は二〇一六年、タイのバンコク近郊で拘束されて日本に強制送還された）。

一般投資家を巻き込み、証券会社に大きな損害を与えたにもかかわらず、監視委は、特別調査課が主導して強制調査するのか、それとも被害に遭った証券会社のコンプライアンス体制を証券検査課が検査をするのか、どっちを優先させるか調整がつかないでいた。着任して間もない佐渡委員長は「証券検査と特別調査の間でいつ検査に入れるかの調整ができない」「（この組織は）何なんだと思った」とインタビューに答えている（＊4）。監視委は「市場の番人」として人に説教を垂れる前に、そもそも行政機構の体をなしていなかった。

そんな悪弊を改めようとすると、出向検事の中には臍《へそ》を曲げる人も現れる。出向検事の任期はたいてい三年だったが、それを途中でお引き取り願うことになった者もいた。「代わりに佐渡さんが買っている畝本《うねもと》毅《つよし》さん（後に大阪地検特捜部長に就任）を特別調査管理官に連れてこられました。特別調査管理官を途中で変えたのが象徴的な人事でした」（佐々木）。特別調査課の出向検事が形成する特殊な世界はこのあと次第に変わっていった。

佐々木は、佐渡とは違う角度からこの事件を反省材料にした。被害に遭った証券各社は、個人投資家たちが誰かの指示に従って株取引をしていることを薄々知っていた。取引をする資金も別の人が払っていると勘づいていた。「口座名義人の背後に別の人物がいるとわかったとすれば、それだけで疑わしい取引の届け出対象になったはずだ」と佐々木は受け止めた（＊5）。しかし、そんな届け出はなかった。マネーロンダリングや犯罪収益が疑われる取引について金融機関が警察庁や金融庁に届け出る制度があり、銀行は年間九万件以上も届け出ているのに対して、証券会社はたった六百件しかなかった。証券会社にとって、アクティビスト・ファンドや仕手集団も株式の売買手数料を落としてくれる大事な顧客だった。証券会社は、きわどい取引でも手数料収入を稼ぐ営業マンがもてはやされるカルチャーがずっと続いてきた。当時の証券界には少なくともマネロンという視点はほとんどなかったのだ。

不公正ファイナンス

佐渡体制が発足してまもなく、アメリカの住宅バブルが弾けようとしていた。返済能力の乏しい低所得層むけに過剰に融資する高金利のサブプライムローンの実態が次第に浮き彫りになっていた。しかも、その返済不能な住宅ローン債権は、小口に証券化されて世界中の金融機関にばらまかれていた。アメリカ人は不動産価格が上がると、住宅ローンの返済を進めるよりも担保価値の増大を奇貨として、さらに借入金を増やし、消費に充てていた。こんなことがいつまでもまかり通るはずもなかった。遂にアメリカの住宅バブルが破裂し、二〇〇八年九月、リーマン・ショックが金融市場を襲った。世界中の経済が大混乱に陥り、日本でも株式相場は暴落した。銀行が融資を渋るような不振企業は、危ういカネにすがろうとしていた。〇八年九月期や同年十二月期の決算期末の時期には、そんな不振企業が無理な増資に追い込まれそうだった。

きわどい資金調達を乱用する小さなライブドアのような会社がすでにいくつもあった。その多くは、実質的に本業が形骸化していたが、東証二部やマザーズ、ジャスダックなど上場審査が甘い市場で株式を公開し、それによって上場会社としての信用を利用し、市場を通じて資金を調達することができた。そうした企業を相手に「アレンジャー」や「金主」と呼ばれる金融ブローカーが暗躍していた。彼らはタックスヘイブンを所在地とする得体のしれないファンドを資金の出し手として、これら企業に紹介し、第三者割当増資やＭＳＣＢ（転換価額修正条項付き転換社債型新株予約権付き社債）を多発してカネを調達する術《すべ》を授けていた。そうした企業は、もはや事業を営むと言うよりも、株式市場で錬金術をするための道具――「箱」企業だった。増資を繰り返しては新株を発行し、それを仕手集団のような連中が価格を吊り上げて売り抜ける。「箱」企業の存在がにわかにクローズアップされていた。

監視委はちょうどそのころ、「プロジェクトチーム」を立ち上げた。監視委の五つの課をはじめ、出向して来ている検事や裁判官、任期付き採用の弁護士や公認会計士、それに外資系を含めた民間の金融機関からの転職組の人たちが集められた。合計で十人前後がそのメンバーだった。総務課長の佐々木が事務局役を果たし、ときには佐渡委員長や岡村国際・情報総括官も臨席した。ホワイトボードを用意して、そこに論点を書き込んでいく。佐々木はこのころから会議となると、自室にホワイトボードを持ってこさせ、マジックでチャートを書き込んで議論するのを好んだ。

佐々木はこの当時の問題意識をこう振り返る。

「株式市場は機能で見ると、企業が資金調達のため新株を発行する『発行市場』と、いったん発行された株が取り引きされる『流通市場』という二つの側面があるんですが、監視委はそれまでインサイダー取引や相場操縦など流通市場で発生する不正行為にしか対処してきませんでした。しかし、ライブドア事件をきっかけに発行市場の問題に取り組むべきなのではないか、と考えるようになりました」

金融商品取引法は、株式など有価証券が流通する段階で「公正」な価格形成が歪められることを「不公正」とみなしてきた。しかし、「タックスヘイブンに設立された非常に不透明なファンドへの第三者割当増資や、発行済み株式総数の何倍もの希釈化を招く第三者割当増資が行われても、金商法上はそれらを『不公正』とみなすことはできませんでした」（佐々木）。発行体（企業）の資金調達は、基本的には会社法上、適正な手続きを踏んでいれば、会社の自治にゆだねられ、金融当局がとやかく言うことはできない。つまり資本主義経済においては、資金調達に正邪善悪の区別をつけないことが前提になっていた。「正しい資金調達」と「悪質な資金調達」の境界をひきにくいのだ。

「でも、そうは言っても、おかしいケースがあるんです。調べていくと、暴力団など反社会的勢力の関与が疑われるケースが多々あります」。佐々木が始めたプロジェクトチームは、そうした不公正ファイナンスをどう立件していくかが最大のテーマだった。

正体不明のファンドからの資金提供や、発行済み株式総数を数倍規模に希釈化する資金調達など「不公正ファイナンス」は、そのあと流通市場で起きる様々な悪事の、実は入り口に過ぎなかった。やがてカネの出し手が会社を乗っ取り、「箱」として使って増資を繰り返し、相場操縦やインサイダー取引など流通市場でも犯罪を重ねる、というのが典型的なパターンだった。

そういう連中にどう対応するか。

ライブドアは、企業買収目的の株式交換で発行した株をひそかに自らのモノにして売りさばき、自社の利益に付け替えた。検察はその一連の行為の一部を切り取って「粉飾」とみなしたが、一部を切り取るのではなく、一連の行為すべてが市場を欺く行為として断罪されるべきではないか、と佐々木は考えた。一部ではなく全体を見ることに見立てを変えようというのだ。部分を切り取るのではなく、包括的に規制しようというのである。

その方策としてプロジェクトチームで検討された一つが、金商法一五七条の「不正行為の禁止」の適用だった。アメリカの証券取引法一〇条b項をまねてできた規定だが、「不正の手段、計画、または技巧をすること」を禁じるという同条の規定は漠然としていて、プロジェクトチームに参加している裁判官から「とても刑事裁判では使えない」と指摘される始末だった。

代わりに佐渡が推したのが金商法一五八条の「偽計」の適用だった。偽計とは「他人に錯誤を生じさせる詐欺的ないし不公正な策略、手段」のことをいい、有価証券の売買に「偽計を用いてはならない」と規定している。これも何を偽計というのか判然としない、曖昧な条文ではあるが、佐渡らプロジェクトチームの面々はこれを根拠に「発行市場から流通市場にわたる証券市場全体を欺き、一般投資家を欺く行為」と再定義した。

「一五七条は精神論みたいな内容で実務的にはなかなか使えなくて、それで一五八条の偽計でやることになりました。それからは、実際の事件にあてはめ、構成要件をどうしていくか、という議論になりました」。佐々木の部下はそう振り返る（＊6）。

プロジェクトチームの議論を受け、監視委には不公正ファイナンスを監視するチームが作られた。証券取引所の上場管理部門や大手法律事務所からの出向者を中心に組織され、「怪しい」とリストアップされた上場企業（その多くは「箱」企業だった）は常時、監視のもとにおかれた。それだけでなく、不公正ファイナンスに関与した監査法人や弁護士、資金調達先のファンドやアレンジャー、金主と呼ばれる人たちの情報も蓄積していった。監視委に「ブラックリスト」ができつつあった。

住宅塗装やリフォームを請け負うペイントハウスの架空増資事件を「不公正ファイナンス」とみなし、金商法一五八条の「偽計」で摘発したのが、初期の成果だった。ペイントハウスはたたき上げの創業者が起こし、訪問販売の強い営業力によって業績を伸ばしていったが、二〇〇五年にメーンバンクのUFJ銀行との債務減免交渉が決裂したあたりから経営の軌道が外れていった。ペイントハウスは、UFJから社債を含めて二百億円の一括返済を求められて株価が急落。ジャスダックの上場廃止基準に抵触する時価総額五億円未満になり、五月末までにジャスダックに再建計画を提出するとともに時価総額の回復が急務となった。ペイントハウスの架空増資は、ちょうど会社の経営が大幅に悪化していたこのころに行われた。引き受けたのは、野村証券出身で投資顧問会社ソブリンアセットマネジメントジャパンを率いる阪中彰夫《さかなかあきお》だった。

阪中の管理下にあるロータス投資事業組合がペイントハウスの増資を引き受け、ペイントハウスは〇五年五月二十六日に三億四千万円の払い込みを受けたと公表していたが、翌日の二十七日にはそのうちの三億三千万円が、阪中が経営指導していたシステム構築会社のプライムシステムに流出していた。プライムシステムは赤字の見通しで株価下落が避けられない状態だったため、ペイントハウスのウェブサイト構築を請け負ったことにして、ペイントハウスから三億三千万円の売り上げを得たことにしたのだった。しかしこの金も、プライムシステムに融資していたブロードメディアの返済に回った。ブロードメディアを実質支配していたのは阪中だった。つまりお金がぐるっと回って阪中の元に戻ってきただけだった。資本増強されたはずのペイントハウスから即座に資金が社外に流出していたのに、ペイントハウスは「二十六日の払い込みによって資本増強が行われている」と虚偽を開示していた。本来必要な増資は行われなかったのに、あたかもなされたかのように公表され、それによって債務超過や上場廃止を免れ、株価の下落も食い止めようとした(*7)。

不公正ファイナンスという概念が成立する以前だったら、架空増資は刑法の公正証書原本不実記載の罪をもとに刑事当局が摘発するのが常道だっただろう。しかし、「資本市場の根幹を揺るがす問題であるとの認識に立てば、『公正証書不実記載等』のような手続き上の問題として捉えるよりも、金商法上の『偽計』という証券市場全体を欺く行為として捉えることのほうが問題の本質を得ている」と佐々木は考えていた(*8)。監視委は〇九年七月、偽計の疑いで阪中を東京地検に告発した。

その次はユニオンホールディングスだった。ユニオンは、工業用顕微鏡や測定器で知られた精密機器メーカーのユニオン光学を前身として東京・板橋に本社をおいた。経営不振だったところを、東京協和・安全の二信組乱脈融資事件を起こしたイ・アイ・イ・インターナショナルの高橋治則と、その側近の横浜豊行に買収された。横浜は、高橋が〇五年に亡くなると、高橋が率いた仕手集団「草月グループ」の中心メンバーとなった。

横浜は、本業が振るわなくなったジャスダック上場の映像・音盤制作会社のオメガ・プロジェクトの社長も務め、伊豆シャボテン公園など経営不振企業を相次いで傘下に収めていた。そうした一つがユニオンだった。彼は、こうした不振企業を「箱」企業として打ち出の小槌のように使う「現代の仕手筋」の代表格だった。

ユニオンでは横浜を中心とした仕手集団による架空増資と相場操縦が浮かび上がった。ユニオンは〇八年二月、横浜の支配する投資会社を引受先に増資をし、「第三者割当増資で資本増強が行われた」と適時開示したが、払込金のうち四割は横浜の投資会社に還流していた。しかし、株式市場で資金調達できる態勢を整えておくためにも、ユニオンの株価の維持は欠かせなかった。そこで横浜たちは高い指値で注文を出し続けて株価を吊り上げるとともに、株価が下がらないよう下値も支えてユニオン株の売買が盛んなように装い、一般の投資家を誘った。こうして人為的に株価を維持する間に、手持ちのユニオン株を売り抜けてもいた。監視委は、横浜を「市場に巣食う寄生虫のような極めて悪質な存在」とみなし、「駆除が必要」と考えていた（＊9）。

監視委は大阪府警と合同で調査・捜査を進め、〇九年十一月、横浜ら九人を大阪地検に告発した。大阪府警は先に相場操縦で逮捕していた横浜を金商法違反（偽計）容疑でも再逮捕した。佐々木の言う「発行市場から流通市場まで全体を欺く行為」にあてはまる事件だった。

次は横浜の率いるオメガ・プロジェクトのグループ会社でもあったトランスデジタルだった。トランスデジタルは〇八年七月、ＴＤ戦略投資事業組合を割当先に新株予約権を発行したが、ＴＤ組合から払い込まれた資金はいったん別の口座に移され、さらにこの別口座から再びトランスデジタルの口座に資金が移動していた。こんなぐるぐる回る資金移動を三日間に七回も繰り返し、八億八千万円の払い込みがあったかのように装い、増資を水増ししていた。トランスデジタルは「資金調達し、適法な新株予約権行使による新株発行が行われた」と称して十七億円余の増資が行われたと公表していたが、そのうち八億八千万円はこうした手口でふくらませた金額だった。

トランスデジタルは〇八年九月に民事再生法の適用を申請して倒産したものの、倒産寸前の八月、唯一の実質資産である五十四社への売掛債権四千四百万円余をインターサービス社という特定の債権者に譲渡していた。

トランスデジタルの実質的支配者の黒木《くろき》正博《まさひろ》はこのインターサービスから三億円の借金をしていて、トランスデジタルが債務を連帯保証していたため、トランスデジタルの四千四百万円の売掛債権をインターサービス側に担保として差し出したのだ（本当は担保を提供しなければならない義務はなかった）。そのうえでトランスデジタルは五十四社に対して売掛債権をインターサービスに支払うよう内容証明郵便を発送した。ほぼ唯一の資産である売掛債権を譲り渡したら、社員の給与支払いもできなくなり、事業の継続は不可能になるのは明らかだった。民事再生法の適用を申請したら債権者は平等が原則だが、その直前に特定の債権者だけを有利に扱ったのである（＊10）。

警視庁は一〇年二月、民事再生法違反（特定債権者への担保供与）の疑いで社長の後藤幸英《ごとうゆきひで》や黒木を逮捕した。見せかけ増資を主導したのは黒木だった。黒木は東証が新興市場マザーズを創設したときの上場第一号企業リキッドオーディオ・ジャパンの陰のオーナーと言われてきた人物でもあった。

リキッドの大神田正文《おおかんだまさふみ》社長は二〇〇〇年の上場当時の私のインタビューで「黒木は大株主」と述べ、リキッド社は黒木が社長を務めるスーパーステージの一〇〇％出資で設立されたと言っていた（＊11）。取材中、大神田の指がないのが気になった（主幹事証券だった日興コーディアル証券の広報担当者は「子供のときに事故でなくした」と話していた）。新宿三井ビルにあったオフィスは映画のセットのようで現実味がなかった。リキッド社の九九年十二月中間決算は経常赤字が三億円にもなるのに、売上高はたった三十三万円しかなかった。警視庁暴力団対策課幹部はリキッド社のケースを名指ししたわけではないが、「上場予定企業を実質支配し、暴力団系企業が創業者利益を得ようとしている」と警戒していた。大神田はそれからしばらくして対立する役員を監禁し、暴力行為を起こし、警視庁に逮捕された。

黒木はあまり表には出なかったが、こうした株式市場を舞台にした怪しい資金調達の裏で暗躍してきた人物だった。

監視委は〇九〜一〇年にかけて、不公正ファイナンス事件を相次いで手掛け、「アレンジャー」や「金主」などと呼ばれて事案の構図を描くことに長《た》けた指南役を摘発していった。こうした絵図を描く黒幕の中には、暴力団など反社会的勢力との関係が疑われる者もいた。佐渡体制の発足当初、東京地検との関係がぎくしゃくしたことと、東京地検自体の処理能力の限界もあり、監視委は警視庁や大阪府警、さいたま地検などと組むことが増えた。さいたま地検が選ばれたのは、有価証券報告書の提出先が埼玉県さいたま市の関東財務局となっているためでもあった。

そんなとき佐々木は、ゲームソフト販売会社ネステージのニュースリリースを見て不自然さを感じた。二期連続債務超過に陥りそうだったネステージは、ジャスダックの上場廃止を避けようと一〇年二月、コンサルティング会社のクロスビズを割当先とする第三者割当増資によって十二億円を調達すると公表していた。だが、クロスビズが払い込む十二億円はキャッシュによってではなく、北海道や山形県、岡山県の不動産による現物出資だった。佐々木が試みにパソコンを動かしてグーグルアースに北海道の住所を打ち込んで見ると、層雲峡のそばの、山の中にある「かんぽの宿・層雲峡」の跡地だった。そこは、すでに営業をやめ、廃墟と化していた。固定資産税の納付を回避するため、外壁には大きな穴が二つも開けられた代物だった。

山形県の不動産も「かんぽの宿・米沢」、岡山県のものは「ホールサムインせとうち」だった。日本郵政公社や年金・健康保険福祉施設整理機構が〇六〜〇七年にかけて三施設を合計三億四千万円で民間に払い下げていた。それらはすでに廃墟になっていたにもかかわらず、雇われた不動産鑑定士は十三億円の値打ちがあると保証していた。

「制度上、現物出資の場合は不動産鑑定士や会計士、弁護士の意見書があったら簡単に通ってしまうんです。でも、こんな鑑定はありえないだろう、と思いました」（佐々木）。監視委は大阪府警と合同で調査・捜査し、大阪府警は一一年七月、ネステージ元会長の光成英一朗ら七人を金商法違反（偽計）容疑で逮捕した。不動産鑑定士も逮捕された。

佐々木は国土交通省や日本不動産鑑定協会に問題提起し、協会はしばらくして「現物出資不動産の鑑定指針」をまとめた。ライブドア事件の港陽監査法人と同様、不公正ファイナンス事件の多くに弁護士や会計士、不動産鑑定士など「士」業のプロフェッショナルが介在していた。その多くは様々な事件に何度も登場する札付きだった。

監視委のプロジェクトチームでは弁護士のあり方も話題に上がった。東証は、上場企業に対して出資者や増資の引受先に反社会的勢力に与《くみ》する人物がいないかどうか、確認書の提出を求めている。これを取り繕うために、外部の弁護士にゆだねて「反社ではありません」という弁護士の意見書（リーガルオピニオン）の提出で済まそうとする企業があった。反社であるかどうかは、弁護士の意見が必要な法解釈ではなく、そうした事実があるかどうか確認を求めている事柄なのに、それを弁護士の意見で代用するのはあまりにも不可解だった。

同様に、不祥事を起こした企業が、批判からわが身を守る術として「第三者委員会」を設けてやり過ごすことが流行となり、同じような顔ぶれの弁護士が起用されて経営陣を守る盾になる例も目に付いた。それを知った佐渡が「ひどいじゃないか」と言い、佐渡、岡村、佐々木で話し合い、佐々木が日本弁護士連合会（日弁連）と意見交換することになった。「けんもほほろ」の取りつく島もない対応かと思ったが、日弁連は意外と聴く耳を持ってくれた。「監視委が検察に告発して終わりということではなくて、他省庁や日弁連に問題提起することも我々の仕事かなと思うようになったのです」（佐々木）。

日弁連は「企業の社会的責任（ＣＳＲ）と内部統制に関するプロジェクトチーム」の委

員長、斎藤誠弁護士を中心にして第三者委員会がどうあるべきかガイドラインをつくることになった。こうして日弁連は二〇一〇年、企業経営者による企業防衛としてではなく、企業から独立し、広くステークホルダーへの説明責任を果たす機能をもつものとしての、第三者委員会のガイドラインを定めた。以来、監視委は企業不祥事が起きた際の初動対応策として、第三者委員会の設立を促し、企業側に自浄作用を発揮することを求めるようになった。経営サイドから圧力を受けかねない第三者委員会の取り組みだが、監視委側はそれをあえて評価したり、あるいは、その調査報告書に依拠した調査を行ったりすることで間接的に第三者委員会の活動を支援するようにした。さらに佐々木は、個々の第三者委員会の活動が本当にガイドラインに沿っているのかどうか日弁連が検証するような仕組みづくりを求めたが、日弁連側から「時期尚早」と退けられた。

佐々木の部下はこの時期を振り返って「その後、不公正ファイナンス事件はなくなったでしょう。佐々木さんが公務員の枠にとらわれず、講演などで思い切ったことを言って歩いたことの効き目があったと思います」と言う(*12)。別の部下はこう評した。「佐々木さんは何かおかしなことを発見する嗅覚のある人。しかし、その後の肉付けは、部下やほかの人の力を借りないと、できないんですよね」(*13)。旧大蔵省採用のキャリア官僚の中には、佐々木の捉え方が勧善懲悪にすぎると冷ややかに見る人はいたが、検査や調査に従事する現場のノンキャリからすると頼りがいがある男だった。

プロジェクトチームのメンバーの一人は不公正ファイナンスが疑われる案件の一覧表をつくっているとき、やたら同じ住所が出てくることに気がついた。

英領ヴァージン諸島、トルトラ島、P．O．BOX957。

第三者割当増資を引き受けてくれるファンドや、設立された特別目的会社（SPC）の所在地が、みな同じ「私書箱957号」だった。

「必ずと言っていいほど私書箱957号が出てくるんです。調べたうちの半分ぐらいがそうでした。あるいは900番台の似た番号の、別の私書箱もありました。引き受け先が、どれもこれも、みな同じ住所に集中するのはいくらなんでもおかしいでしょう」

メンバーの一人は言った(＊14)。

佐々木は「英領ヴァージン諸島から資金調達するなら一〇〇％クロ、しかもP．O．BOX957が所在地だったら一二〇％クロ」と断言する。なぜ同じ私書箱ばかりが登場するのか。佐々木は、タックスヘイブンに籍をおく外資ファンドを装っているが、実際の金の出し手は日本人で、香港の会社設立業者が絡んでいる、と推測する。中国に返還される前までは英国領だった香港の会社設立業者は、同じ英領のヴァージン諸島にたやすく会社を設立できる。「香港の業者が習慣的に私書箱957号を使っているのでしょう」と佐々木。IMF勤務時代に各地のタックスヘイブンにマネーロンダリングの調査をしたが、中でも英領ヴァージン諸島の非協力的な姿勢は際立っていた。あのときの記憶がよみがえる。「日本の反市場勢力の連中は、おそらく英語は達者じゃないだろうし、テクニカルなことはまったくわからないだろうから、香港の業者に全部、丸投げでつくっているんですよ」。いまでも金融庁の電子開示システム(EDINET)で「P.O.BOX957」と住所を打ち込むと、さまざまな新興企業や投資会社がそこを所在地とする得体のしれないファンドから資金を得ていることがわかる。本当の資金の出し手の日本人を隠すためのカモフラージュの仕組みとみられる。

佐々木は十年近くランチを情報収集の場に使っていた。大蔵接待汚職があっただけに夜の会食は誤解を招きやすい。ランチなら一千円程度で安上がりだし、時間も一時間余りで済む。一一年秋、定期的に昼食をともにするヘッジファンドの関係者から「会ってほしい人がいる」と年金運用の仕事に携わる人を紹介された。三人でランチをすると、その人は「おかしな投資顧問があるんです」と切り出した。彼は何か不正があると疑い、佐々木に持ち込んだらしかった。

その会社はAIJ投資顧問といった。その名前には聞き覚えがあった。

彼らも私書箱957号を使っていた。

消えた年金

佐々木がランチでその不審な噂を耳にする二年前にも告発者がいた。日本経済新聞社傘下の格付投資情報センター（R&I）が発行する「年金情報」編集部の深沢道広である。彼は二〇〇九年早々、監視委の委員に「おかしな投資顧問会社があるんですが」と相談を持ちかけると、その委員から「佐々木君に知らせてやってほしい」と言われた。すぐに「非常に危惧していることがあります」と佐々木にメールを送った（＊15）。

深沢がR&Iに入社して間もない〇六年一月ごろ、先輩から「野村証券出身者の非常にアグレッシブな運用会社があるから注意してみてほしい」と引き継いだのが、急速に運用残高を増やしていた新興のAIJ投資顧問だった。以来、ずっとウォッチしてきたが、知ればほど彼らをまともには思えなくなった。

AIJ投資顧問は、野村証券の営業マン出身の浅川和彦《あさかわかずひこ》が二〇〇〇年に前身企業を創設して年金運用の世界に参入した新参の運用会社だった。年金ビジネスに携わってきた人たちからすると、彼らの登場はまるで横紙破りのようだった。野村流の積極営業によって次から次へと年金基金を懐柔する猛烈営業を繰り広げる一方、リーマン・ショックという「百年に一度の経済危機」の影響を微塵《みじん》も受けず、運用成績は常に好パフォーマンスを続けていた。だが彼らのプレゼン用の資料は、深沢の目からすると、他の運用会社と比べて内容があまりにも稚拙に見えた。薄っぺらで浅いのだ。

リーマン・ショック後の〇八年十二月には、米ナスダック・ストック・マーケット元会長のバーナード・マドフが主宰するファンドの巨額詐欺事件が発覚し大騒ぎになっていた。深沢はＡＩＪからそれと同じ臭いを嗅いだ。米証券界の立役者であるマドフは、高利回りを約束して世界中の投資家や金融機関から六百五十億ドル（約七兆円）を集めたが、実際にはそれを運用に回すことはなかった。顧客の資金を一族の贅沢な暮らしに流用し、解約を求める相手には集めた資金をそのまま払い戻しに充てる「ねずみ講」を繰り返していた。「ＡＩＪは常に一定の運用成績を上げていて、ずっと勝ち続けているんです。こんなのありえないんです。ＡＩＪは、マドフのファンドの運用成績をコピペしているのかと思いました。それほど両者は似ていました」。そう深沢は疑った。

深沢が佐々木にコンタクトをとると、すぐに「お話をうかがいたいので是非、来庁してください」と返信がきた。このとき、深沢はＡＩＪの不正の確証を握っていたとまではいえなかったが、いくつかの不審な点をつかんでいた。そのひとつが、社会保険庁ＯＢで東日本文具販売厚生年金基金常務理事だった石山勲が年金コンサルタント業として起こした東京年金経済研究所に、ＡＩＪが出資し役員を派遣していたことだった。この石山を先導役にしてＡＩＪは年金業界を侵食していた。深沢は登記簿を取得し、ＡＩＪと東京年金経済研究所が一体と思った。「早く手を打たないと大変なことになりますよ」と深沢は直訴した。佐々木はこのときに会ったことを記憶していないが、深沢は佐々木が「クレスベール証券と似ていますね。あれから十年たちました。十年たつと、また同じようなことが起きるんですかね」と言ったのを覚えている。

深沢の情報提供と直接の因果関係はないと思われるが、関東財務局は〇九年二月二十三日、「外部からの情報提供に基づき、事実を確認するため」としてＡＩＪの実質的な子会社でＡＩＪと一心同体の関係にあるアイティーエム証券に検査に入っている。アイティーエム証券は、ＡＩＪの主力商品である私募投信ＡＩＭグローバルファンドの募集窓口だった。

専門誌の「年金情報」は関東財務局の検査を察知して〇九年二月十六日号で、ＡＩＪの名指しこそしなかったものの、「国内でもマドフ氏案件に類似する事例が規模の差はあれ今後発生しないとは限らない。例えば、ある新興ヘッジファンドについては、急激な下落相場の中で不自然なほどに安定したリターンを出し続けていると疑問を呈するコラムを掲載した。業界内には関東財務局の検査によって「遂にＡＩＪの怪しいビジネスに鉄槌が下る」と期待する向きもあったが、財務局はたった九日間、型通りの検査をしただけで何も見つけることができずに終わった。「残念ながら不正の端緒や心証は得られなかった」(自見庄三郎担当相)と、完全に空振りに終わったのである(＊16)。同じころ、金融庁はＡＩＪの浅川を呼び出して事情を聴いたが、のらりくらりかわされて不首尾に終わったという。金融庁や監視委にとっては後に痛恨の失策となった。関東財務局の検査はあまりにも形式的過ぎた。ＡＩＪは、検査で何も異常が見つからなかったことから、「自分たちは当局からお墨付きを得た」と逆宣伝に利用するようになった。「貴社を検査した結果、特に指摘する問題が認められなかったので通知する」という関東財務局の検査結果通知書をコピーして顧客の年金基金に配り、このあと余計に被害を拡大していくことになったのだ。

深沢は翌一〇年七月、佐々木にもう一回あたってみることにした。佐々木は深沢の話を「確度の高い情報だ」と受け止めたが、このときはちょうど監視委から金融庁検査局の総務課長に異動するタイミングにあたっていて、この問題の陣頭指揮を執ることは難しかった。「担当者に引き継いでおきますから」で終わった。深沢はこの一、二年の間、東京国税局や金融庁証券課にも問題提起したが、どこも真剣に取り合ってくれず、特段の動きはなかった。佐々木は監視委の証券検査課に文書で引き継いだものの、結局のところ、さほど注意をひかなかった。

深沢はそれでもあきらめきれなかった。情報公開制度を使ってＡＩＪとアイティーエム証券の事業報告書を入手して調べてみると、ＡＩＪの運用資産が千五百億円台と右肩上がりに伸びているのに、その販売窓口になっているアイティーエム証券の利益水準は五億円程度と低すぎるように思えた。つじつまが合わない。恩師の八田進二・青山学院大教授に相談すると、「資産が実在しているか疑わしい」と鋭いアドバイスをしてくれた。深沢は金融庁の証券課にもう一回話をしてみることにした。証券課は、今度は怪しいと思ったようだった。「関係部門と情報共有し、適切な対処をいたします」。そんな返事がかえってきた。二〇一一年のことだった。

同じ一一年の四月、福岡選挙区選出の大久保勉参議院議員（民主党）は参議院財政金融委員会で、ガソリンスタンドが作る九州石油業厚生年金基金が、りそな銀行に信託して運用を任せたところ、ダヴィンチ・ホールディングス傘下の不動産投資ファンドに集中投資し、二百六十億円余もの損失が発生した問題を取り上げた（＊17）。大久保は「年金基金はいわゆる資産の分散義務があります。受託した信託銀行はそのことを承知してしっかりと運用しないといけない」と指摘した。議員が問題視したのは、石油業年金基金の資産の六〇%がダヴィンチの不動産ファンドに集中投資され、それが瞬く間に損失になった、ということだった。

ダヴィンチはアメリカで不動産ファンドの運用を手掛けてきたという金子《かねこ》修《おさむ》が創業し、不動産業界におけるホリエモンのように鼻息が荒かった。「日本はカネと女が働いていない。どこいってもカネが安い、つまり金利が低い」「日本の企業はガバナンスがなっていない。長いものにまかれよで、善管注意義務違反が多すぎる」と大口をたたき、都心の不動産を買いあさった。サブプライムローン問題が明らかになった後でも、「サブプライムの影響はほとんどない。東京の不動産はまだまだ上がる。実需はあるのでバブルではない」と言い切っていた(*18)。日本的経営をさんざん揶揄《やゆ》した金子だが、裏では彼の推奨するグローバル・スタンダードとはずいぶんかけ離れたことをやっていた。

大久保は、国会で質問した当時の問題意識をこう語る。「信託銀行の信託勘定がまったくノーチェックなんです。日本の金融界の最大の問題はそこにあって、『飛ばし』もできたし、リスクの高い金融商品も抱えさせることができました。しかも金融庁は全然検査しない。さらに言えば、不動産投資ファンドは国交省の管轄と思い込んでいて、ファンドなのに監視委も金融庁もろくにチェックしていないんです。おまけに年金は厚生労働省。役所の縦割りが招いた問題でもあるんです」（＊19）。さらに社会保険庁のOBを天下り役員に招いている年金基金が、運用については素人程度の知識しかなく、そのカネを狙った連中が赤子の手をひねるように簡単に騙して巨額マネーを掠め取っていく構図も浮かび上がった。

ダヴィンチの金子修は年金基金からの出資者を開拓しようと〇六年、杉山年金運用研究所と顧客を紹介してもらう販売協力契約を結んでいる。杉山年金は野村証券OBの杉山弘實が営み、九州石油業厚生年金基金の年金コンサルタントに就いていた。石油業年金基金は、杉山の福岡県立修猷館《しゅうゆうかん》高校の同級生だった出光芳秀が理事長を務めていた。同級生のよしみでコンサルタントに起用されたのだった。

杉山は旧友が理事長を務める年金基金から定額の報酬（当初五十万円、後に千二百万円）を受け取っていたにもかかわらず、ダヴィンチ側から成約額の一％を成功報酬として手にする契約も結び、同年金基金の運用資産の三分の二近い資金をダヴィンチの不動産投資ファンドに流し続けた。基金の運用委員会は、社保庁OBの常務理事をはじめ、運用には素人ばかりで、杉山はコンサルタントであるにもかかわらず「実質的な司会者兼議長のように振る舞い」「証券会社出身者独特のその場を制圧するような押しの強い発言を繰り返し、議論の内容と結論の方向性を支配していった」（＊20）という。杉山がダヴィンチから手にした成功報酬は五年間で合計六億六千万円にもなり、年金基金から七年間に受け取った総額三千五百五十万円の固定報酬をはるかに上回った。だがリーマン・ショックによりダヴィンチのファンドは巨額損失を計上し、基金も二百六十億円余の損失を蒙った。
後に東京高裁の野山宏裁判長は「杉山の実態は中立公正な助言者の仮面をかぶったダヴィンチの回し者」であると難じ、さらにダヴィンチの金子についても「(年金基金側が)素人レベルの知識しかなく、杉山の影響力を使えば赤子の手をひねるように騙せる相手であると実感していた」と指摘。「自分の財布のように年金資産を取り扱ってきた」「他人の資産を預かって運用する者に求められる善良な管理者としての誠意が欠落」していると批判し、原告の年金基金勝訴の判決を下している。

この構図はAIJにもあてはまった。

佐々木は民主党の大久保参院議員の質問を聞いていて、「確かに信託銀行の信託勘定をきちんと見ていないな」と認識した。金融庁は信託銀行の銀行勘定を検査することはあっても、信託勘定はそうではなかった。銀行自身の資産ではなく、他者の資産を代わりに運用する「信託」という仕組みなので、銀行の経営の健全性に直接影響を及ぼすことはあるまいと考え、きちんとした検査の対象にならないできたのだ。佐々木は一一年八月に金融庁検査局の審議官（公認会計士・監査審査会事務局長も併任）に就任すると、あわてて信託各行を呼んでヒアリングし、一一年秋から信託銀行の一斉検査にとりかかった。あくまでも実態把握のつもりだったが、中央三井信託銀行に入った検査チームのメンバーがやってきて、「ＡＩＪというおかしな投資顧問会社がある」と耳打ちしてくれた。しばらくすると他の信託銀行を検査に行ったチームからも同様の話が寄せられた。

ちょうどその同じころ、知り合いのヘッジファンド関係者が一緒にランチをする際に「紹介したい人がいる」と言い出した。彼が連れてきた年金運用に携わる人が「おかしな投資顧問があるんです」とＡＩＪの件を切り出した。これだけ「怪しい」という声がそろえば十分だった。「これは早くやったほうがいいよ」。佐々木は監視委をせっついた。

ＡＩＪ投資顧問は〇二年から金融派生商品に投資するＡＩＭグローバルファンドの募集販売を始めたが、スタートしてまもなく運用損を出すようになっていた。野村証券出身の浅川社長は得意の営業力によって顧客の年金基金から金を引っ張ってくる力はあった。中日本段ボール厚生年金基金や日本ユニシス企業年金基金、全九州電気工事業厚生年金基金、神奈川県情報サービス産業厚生年金基金などが続々と運用を委ねていった。こうした営業力はあるのだが、それを運用する能力はまったくなく、ＡＩＪは出だしの〇三年三月期から九期連続で運用に失敗して損失を計上し続けていた。一〇年三月以降は、純資産総額が二千億円余もあると公表していたが、運用に失敗し続けたせいで実際は二百五十億円しかなかった。こうした事実を隠すため、〇三年夏にはすでに一口当たり純資産額（NAV）を改竄するようになり、この改竄成績をもとにして年金基金にAIMグローバルファンドの購入を勧めていた。自身の運用の失敗が明らかにならないよう、顧客の年金基金の解約を抑え込むとともに、〇五年ごろからは、どうしても解約を求める年金基金には、他の年金基金から入ってきた新たな買い付け代金を解約資金に充当する自転車操業を始めた。マドフやクレスベールと同じだった。AIJは〇九年二月以降、公表数値に比べて純資産の毀損は甚だしく、損失回復は不可能な状態にあった。いつ破綻してもおかしくない状態の中で、新規顧客の年金基金を開拓しては自分たちの延命のために金を奪っていった。

AIJは野村出身のオプション取引のプロを雇ったが、実際の運用は浅川が「ほとんど一人舞台でやった」という詐欺商法だった。それなのに〇九年から一一年までの三年間に二億四千万円余の高額報酬を手にしていた（＊21）。そしてAIJの主力商品である私募投信AIMグローバルファンドを組成するAIMインベストメント・アドバイザーズの所在地は、佐々木が「一二〇％クロ」という「英領ヴァージン諸島、トルトラ島、P．O．BOX957」だった。

マドフの事件では、彼のあまりにも立派な運用成績を怪しく思ったハリー・マーコポロス公認不正検査士らが二〇〇〇年から〇八年までの間に五回も米証券取引委員会（SEC）に対して詐欺の疑いを示す証拠を提示して告発したのに、SECはまともにとりあわないか、形だけの検査をして「問題ない」と放置してきた。もし、SECが最初に告発されたときに証券詐欺を見つけていたら、被害額は十分の一程度で済んでいたかもしれなかった。同じようにAIJでも深沢の告発を〇九年か一〇年の段階で真摯に受け止めていたら、被害額は数百億円は少なく済んだであろう。

証券取引等監視委員会は一二年一月、やっと検査に入った。〇九年の「失敗検査」のリベンジだった。金融庁は、今度は業務停止命令を下した。しかし、後の祭りだった。運用資産の二千億円のほとんどが消滅していた。警視庁は浅川らを詐欺容疑で逮捕した。またしても野村証券のOBの犯罪だった。AIJのせいで十一の厚生年金基金が解散に追い込まれた。最高裁は一六年四月、浅川の上告を棄却し、懲役十五年の一、二審判決が確定している。

金融庁・監視委はAIJに対して動きが鈍かった。明らかに犯罪の臭いがする不公正ファイナンス関連の事件に比して、表面上は書類が整っている投資顧問会社やファンドの不正を見つけるのは確かに容易ではない。ましてや「書類が改竄されて偽造されていたとあっては見抜くのは難しい」と当時の課長は弁明する（＊22）。

もともと投資顧問業は旧大蔵省が審査のすえ認可していたが、その後、規制は緩められ、地方財務局に登録しさえすれば容易に参入できるようになっていた。ＡＩＪ投資顧問に対しては一度もきちんとした検査は行われたことがなかった。

規制を緩和してビジネスを振興させようとすると、必ずその抜け道を悪用するものが出てくる。規制緩和によって新たな犯罪が発生し、そしてまた規制が強化される。金融行政はその繰り返しだった。

金融庁には、おそらく深沢を含めて少なくとも四件の「ＡＩＪが怪しい」という情報提供が寄せられていたが、本件では佐々木も含めて対応は後手後手に回った。極めて正確な情報を提供して誘導しない限り、金融庁・監視委はタレコミや内部告発をうまく活かせない。

佐々木は信託銀行の検査を通じて、投資事業有限責任組合の監査が杜撰《ずさん》だと気がついた。監査報酬が安いため、大手監査法人が手を出さず、中小の監査法人が安い報酬でそうした投資組合の監査を引き受けていた。

第五章

不正会計の連鎖

田中久雄副社長（中央）の社長昇格を発表した東芝の西田厚聰会長（左）、
佐々木則夫社長（2013年2月26日、共同通信社提供）

札つき監査法人

公認会計士・監査審査会は、エンロン事件を受けてアメリカで証券取引委員会（ＳＥＣ）の傘下に公開企業会計監視委員会（ＰＣＡＯＢ）が作られたのに倣《なら》い、それまで蔵相（財務相）の諮問機関だった公認会計士審査会を拡充して二〇〇四年にできた。同じように金融庁傘下の証券取引等監視委員会が四百人体制であるのと比べて、新参の監査審査会は総務試験室と審査検査室の二つの室に六十人余しかいない極めて小さな組織だった。

このうち総務試験室はその名称があらわす通り、公認会計士試験の実施を主たる業務としていた。監査法人を検査する実働部隊である審査検査室のスタッフは室長以下、管理職を含めても四十人しかいなかった。それが、トーマツ、あずさ、ＰｗＣあらた、新日本の四大監査法人から始まって、準大手、中小まで全国に二百五十もある監査法人の検査を担う役目を負わされていた。とはいえ、こんな少人数の体制では、実際に検査できるのは年間せいぜい十数件程度しかなく、日本中の監査法人を一通り監査し終わるのには、単純に計算しても二十年以上かかってしまう有り様《あさま》だった。

佐々木は東日本大震災のあった一一年の八月、金融庁検査局の審議官に就任すると同時に、この、金融庁の中でもあまり注目を集めることのない公認会計士・監査審査会の事務局長も併任することになった。監査審査会は小所帯ゆえに、事務局長は専任ではなく、「関係のある他の職のものを充てる」という充て職のポストだった。金融庁の中でも傍流の組織とみなされ、進んで行きたがる者はあまりいなかった。

「でも自分は行ってみたくて」と佐々木。「金融監督庁時代に銀行に検査に入ったとき、『長銀や日債銀を監査した監査法人はいったい何をやっていたのか』と思いました。それに監視委で、おかしな企業を継続的に注視していると、そこには必ず妙な監査法人の存在があったんです。仕事をしているうちに監査法人の問題が見えてきたんです」

そんな問題意識があったものの、手兵は知れている。監査審査会の、わずか三チーム三十人弱しかない検査チームがすべての監査法人をチェックしきれるわけがない。

公認会計士・監査審査会の検査は、基本は日本公認会計士協会が会員の監査法人を対象に年間百二十件前後実施している「品質管理レビュー」に頼っていた。品質管理レビューとは、金融庁の銀行検査のような厳格な検査とは異なり、公認会計士協会が原則三年に一度の割合で二人一組のレビュワーによって一、二週間ほど調べる簡素なものにすぎなかった。監査審査会は、協会から上がってきたレビュー結果をもとにして、問題がありそうなもの、リスクのありそうなものを十件程度、抽出して検査することにしていた。その約十件は、協会からどういう指摘を受け、それがどう改善されているのかに着眼して選んでいた。つまり、品質管理レビューというスクリーニングを通じて浮かんできた著しく問題がありそうなところに絞って検査していた。

こうした慣例を踏まえつつも、佐々木は着任当初、独自色を出そうと試みた。犯罪に抵触していそうな〝札つき〟の問題監査法人の検査に取り組もうと思っていたのである。監視委で不公正ファイナンス案件の摘発にかかわるなかで、クライアント企業の法令違反を疑われるケースを監査法人が黙認していると考えられるものが少なからずあった。ライブドアにおける港陽監査法人が一例だが、「現代の仕手筋」と呼ばれた問題企業の監査には、必ずセットのようにして登場する〝札つき〟の問題監査法人があった。

その一つが、東京・渋谷を拠点とした監査法人ウィングパートナーズだった。いわゆる「箱」企業の監査を数多く受け持っており、住宅リフォーム会社のペイントハウスを始め、ネステージ、オー・エイチ・ティー、それにリキッドオーディオ・ジャパンの後身企業ニューディールなど、株式市場を騒がせる曰くつきの会社を数多くクライアントとしていた。これは佐々木着任前の〇九年のことだが、監査審査会がウィングパートナーズを検査したところ、監査の品質管理を保つ意識が乏しいうえ、有価証券報告書に事実と異なる記載をし、十分な審査をせずに監査意見を表明していることが判明した。

検査結果を踏まえて監査審査会は二月、公認会計士法に基づき金融庁に行政処分をするよう勧告した。金融庁はそれを受けて三月、ウィングパートナーズに新規契約の一年停止などの行政処分に踏み切った。さらにウィングパートナーズが、ペイントハウスで本来は認められない利益を計上するのを容認し、ソフトウエア会社のゼンテック・テクノロジー・ジャパンでも売り上げの架空計上を認めていたことから金融庁は七月、再度、一ヵ月の業務停止を命令した。あわせて赤坂満秋代表社員ら三人の公認会計士を一年半〜三ヵ月の業務停止処分にした。締め上げられたウィングパートナーズは結局、解散に追い込まれた。

だが、これで一件落着とはいかなかった。「いったん解散したのに、そこにいた会計士が別の人間と一緒になって新たな監査法人を作ってしまうんです。簡単に離合集散ができてしまうんです」(佐々木)。監査法人は公認会計士法上、公認会計士が五人以上集まれば開設することができる。仮にその会計士が、監査ではなくてコンサルティングや税務を受け持っていても、あるいは常勤ではなく非常勤であったとしても、五人の会計士がそろいさえすれば、金融庁の認可を受けることもなく、届け出るだけで設立できるのだった。

解散したウィングパートナーズのメンバーは処分後、別の新しい監査法人を創設し、そこが再び問題企業の監査を受け持つようになった。それを佐々木は「駆け込み寺」監査法人と呼んだ。「どこが駆け込み寺なのかは言いませんが、その監査法人も、あるいはそこにいる公認会計士も我々はずっとフォローして監視していました」と言う。このウィングパートナーズの後継とみられる監査法人の一つに対しては、公認会計士・監査審査会はずっと注視し、あるときは狙いをつけて検査したものの、明確な法令違反行為を発見できず、結局、処分に追い込めなかった。向こうも同じ愚を犯さず、手ごわいのである。

監査審査会は、「箱」企業を平気で顧客とするような不審な監査法人が設立されたといっても、そこですぐ介入して是正措置を講じることができるわけではなかった。

その監査法人が、怪しい会社の決算に対して監査意見を「適正」と表明し、その後、公認会計士協会が品質管理レビューを行い、そこで問題点が浮かび上がった後に、やっと監査審査会が動く、という段取りを踏まなければならなかった。

「これだと、監査法人が設立されてから一年半、あるいは二年ぐらい経たないと、審査会の検査ができないんです。その間に『適正』とされた有価証券報告書が提出されてしまい、株式市場に誤っている情報が提供されてしまうかもしれないんです。指をくわえて、こういう状態を放置していいのだろうか、という問題がありました」（佐々木）

しかも監査審査会は、毎年三月から六月ぐらいの、決算期末のあとの数ヵ月間は監査法人にとって繁忙期にあたるため、監査法人に検査に踏み込めないでいた。それに七月は役所の人事異動がある。そうすると、八月から翌年三月までの八ヵ月間しか検査できるタイミングはなかった。監査審査会は、この八ヵ月間にひとつの検査チームが三つの監査法人を検査できればいいほうだった。全国の監査法人をくまなく検査するには二十年以上かかるため、いったん検査に入られた監査法人はそれを見越して、「次に検査を受けることは少なくとも二十年はない」と高をくくった。

ある〝札つき〟監査法人は、監査審査会の検査を受けた後、「次の検査は当分あるまい」と読んで、検査後にあえて問題企業を続々とクライアントにする確信犯的な振る舞いさえした。「私たちは監査法人を代えている企業を注意深くウォッチしているのですが、そうしたら、私たちの検査を受けた監査法人が続々、新しいクライアントを得ているケースがありました。検査後に駆け込み寺になっていたんです」。そう佐々木は苦笑いする。

佐々木が四年間の在任中に処分した監査法人は、ロイヤル、東京中央、清和、九段、才和など九つあった。彼の在任前後と比較して処分件数は多かった。これによって、不公正ファイナンス事件にからむような〝札つき〟監査法人の活動はかなり抑え込むことができた。

佐々木はこのころ、金融・証券界や会計士の団体などの講演会で、盛んに金融商品取引法の一九三条の三の利用を推奨している。
一九三条の三とは、佐々木曰《いわ》く「監査人が発見した監査先企業における法令違反などを、まず監査役に通知する。通知して改善を求めたにもかかわらず、改善が図られない場合には、もう一度監査役に通知して、といいますか、断った上で、当局に対して——これは金融庁長官でございますが、申し出を行うことができるという制度でございます」(＊1)というものだった。

実際にこの制度を利用したのが、ジャスダック上場のソフトウエア会社、セラーテムテクノロジーだった。セラーテムの池田修社長は浮動株の時価総額が上場廃止基準に抵触しそうなほど少なかったため、株価引き上げを狙って中国企業の北京誠信能環科技有限公司を株式交換で傘下に入れるM&Aを公表した。しかし、それは、株式交換で発行されるセラーテム株を取得した北京誠信株主にセラーテムの経営権が移り、「中国企業による裏口上場」とみなされかねなかった。そこでセラーテムは今度は新たに調達した資金で中国企業を買収したかのような虚偽の情報開示をした。証券取引等監視委員会は一一年三月、これを不公正ファイナンス事件とみて金融商品取引法違反(偽計)の容疑で東京地検に告発した。その告発を受けてセラーテムの監査人であるパシフィック監査法人が、違法行為を発見したと明らかにし、速やかに是正されない場合は金商法一九三条の三に従い、「当局(金融庁長官)に申し出る」

とセラーテムに通知した。

東証二部上場の制御機器メーカー、春日電機では〇八年、同社株を買い占めた篠原猛という人物が創業家を追い出して社長に就くと、春日電機から自身が経営する別の会社に五億五千万円を融資させたうえ、焦げ付かせた。それを知った監査役は篠原の違法行為の差し止めを求める仮処分を東京地裁に申し立てた。東京地裁は監査役の請求を全面的に認め、篠原は辞任に追い込まれ、その後、警視庁に特別背任容疑で逮捕されている。このケースではビーエー東京監査法人が異常な資金移動に気づき、金商法一九三条の三の規定に従って監査役に通報した。それが篠原社長の違法行為の差し止めにつながった。

とはいえ、これらは極めて珍しいケースだった。「通常は監査法人から指摘を受けたら企業は改善するんです。それでも企業側に改善の意思がない場合は、『もうお宅の監査は受けません』と監査法人が交代する。たいていはそこで終わってしまうんです」(佐々木)。だから、佐々木がいかに金商法一九三条の三の効用を推奨してみても、金融庁に告げ口までして監査法人が改善を促すような例は稀だった。いわば監査法人にとっては、抜かずの宝刀であった。

その、めったに使われることのない宝刀を、四大監査法人のひとつ、あずさ監査法人は抜くことを考えたことがあった。クライアント企業はオリンパスだった。

オリンパスの飛ばし

オリンパスは円高不況の一九八七年以降、下山敏郎《しもやまとしろう》社長が本業の不振を補おうと財テクに邁進し、「特金」「ファントラ」を活用した資金運用に手を染めるようになった。そのときの経理部長が岸本正壽《きしもとまさとし》だった。その下で資金運用に一貫して携わってきたのが山田秀雄《やまだひでお》や森久志《もりひさし》、太田稔《おおたみのる》、中塚誠《なかつかまこと》たちだった。

資金運用は株高のバブル期は成果を上げたが、バブルが崩壊すると一転して含み損が拡大していった。岸本や山田、森たちは自らの運用の失敗で損失を膨らませたにもかかわらず、その損失を隠蔽することによって逆に会社の重大機密を握り、それによって社内で昇進を重ねていった。岸本は下山の後の社長になるが、積み重なった運用損の処理は先送りにしたままだった。

隠蔽された損失に初めてメスが入ったのは、山一証券が「飛ばし」で破綻した記憶がまだ生々しかった九九年のことだった。オリンパスは七四年から、あずさ監査法人の前身である朝日監査法人に監査を任せてきたが、朝日の会計士が、山一と同じように「飛ばし」がオリンパスにもあることを発見したのだった。会計士が隠れ損失の処理を促すと、経理部門の山田、森、中塚が強く抵抗して隠蔽しようとする。それでも、このときは監査法人側が押し切って九九年九月、百七十億円ほどの「飛ばし」を解消させて特別損失に計上させている。しかし、実はそれはオリンパスの「飛ばし」のごく一部に過ぎなかった。

オリンパスの含み損はこの段階ですでに九百五十億円もあり、クレディ・スイスの飛ばし隠蔽商品を購入して表面化を防いできた。金融監督庁が九九年、クレディ・スイスグループに抜き打ち検査に入り、飛ばしデリバティブの専門発行機関であるクレディ・スイス・ファイナンシャル・プロダクツ（CSFP）銀行東京支店の銀行免許を取り上げると、金融監督庁はクレディが請け負っていた「飛ばし」取引を解消するよう指導した。「すべて解消させたんですが、しかし、金融機関以外の一般企業については『飛ばし』がその後どうなったかということは、当時の検査部にはわからないんです」と佐々木は言う。金融監督庁が所管している銀行や信金など金融機関の「飛ばし」については目を光らせることができても、他の一般企業のそれは所管の外だった。

「オリンパスはクレディとの取引は解約しても、代わりに他の方法で飛ばしを継続したのでしょう。クレディの取引先の中には、二〇〇〇年代前半のＩＴバブルで損失を解消したところもあったでしょうが、ずっと解消できなかったところもあったと思います」

それがオリンパスだった。

オリンパスは時価会計が導入される二〇〇〇年四月以降、含み損を抱えた有価証券を本体の会計から分離する仕掛けを作っていった。このときに山田と森が相談相手としたのが、アクシーズ・ジャパン証券の中川昭夫《なかがわあきお》社長とアクシーズ・アメリカの佐川肇《さがわはじめ》社長という二人の野村証券ＯＢだった。

山田と森は、アクシーズの二人と相談の結果、オリンパスの連結対象にならないファンドを設立し、そのファンドがオリンパスの含み損を抱えた有価証券を簿価で買い取ることにした。買い取り資金はオリンパスが用立てた。オリンパスがリヒテンシュタインのＬＧＴ銀行から融資を受け、それをファンドに流し込み、ファンドが含み損を抱えた有価証券をオリンパスから買い取った。こうして簿外の「セントラルフォレスト」と「クイックプログレス」という二つのファンドに一千億円を超える損失が集約された。

ＬＧＴ銀行を紹介したのが、野村証券出身でコンサルティング会社グローバル・カンパニー社長の横尾宣政《よこおのぶまさ》だったという。横尾はオリンパスの資金を元手にしたベンチャー投資ファンドＧＣＮＶＶを設立し、アルティス、ヒューマラボ、ニューズシェフのベンチャー三社を発掘した。オリンパスは後に自らが組成したファンドなどを通じて、このベンチャー三社を著しい高値で購入し、巨額の差額を含み損の解消に流用することを考えついた。オリンパスの事件も野村証券のＯＢたちが暗躍していた。

さらに、英医療機器メーカーのジャイラスを買収するにあたって、高額のフィナンシャル・アドバイザー手数料を支払い、その手数料もまたファンドの抱えた含み損の補塡に回した。監査法人が奇異に感じるほど、ベンチャー企業に巨額マネーを投じ、フィナンシャル・アドバイザーに大盤振る舞いしたのは、積年の含み損をもみ消す原資をつくるためだった。

あずさ監査法人は〇八年、オリンパスが買収した国内のベンチャー三社（アルティス、ヒューマラボ、ニューズシェフ）の買収価格が異様に高すぎることを不自然に思った。売上高が数千万円から数億円程度の赤字の会社を買収するのに、トータルで七百三十億円余も注ぎ込んでいたからだった。しかも、得体のしれないファンドを通じてだった。買収に当たってオリンパスは、ベンチャー三社は数年後には数百億円規模の売上高になるというバラ色の急成長シナリオを描いていたが、あずさは眉唾に思っていた。

さらにオリンパスは、ジャイラスの買収にあたって、聞きなれないアクシーズ・ジャパン証券をファイナンシャル・アドバイザーに雇い、常識とは大きく乖離した一二％もの手数料を支払っていた。ゴールドマン・サックスやモルガン・スタンレーといった大手の投資銀行のM&A手数料が一～三％程度であることを踏まえれば、異様に高いレートである。おまけにアクシーズの従業員はほんの数人しかなく、実務は他の企業に外注に回し、アドバイザーとしての実態がなかった。

あずさは〇八年十二月、オリンパスの監査役会に対してアクシーズに払われた法外な手数料に懸念を示し、さらに〇九年四月、今井忠雄、小松克男両監査役に対して異様なM&Aに対する経営側の説明が要領を得ないと伝え、場合によっては監査人を下りるだけでなく、金商法一九三条の三に基づき、内閣総理大臣（具体的には金融庁長官）に「申し出なければならないこともありうる」と強硬手段を講ずることをほのめかした。あずさはこれら一連の取引について「第三者の専門家の意見を聞いたほうがいい」と申し入れた。

オリンパスは、あずさの申し出を受け、松本真輔弁護士ら外部調査委員会を設けたが、彼らは十分に調べることもなく、あずさが異様と考えたM&Aを「不正な点があったとまで評価できる事実はなかった」とあっさり容認してしまった。外部調査委員会は、不正を隠蔽する経営陣の盾の役を果たした。結局、あずさは、ほのめかした金商法一九三条の三の活用を見送った。

オリンパス社長の菊川剛《きくかわつよし》は、あずさの会計士の存在を鬱陶《うっとう》しく思った。彼は〇九年五月、あずさ監査法人を訪れ、解約を通告した。後任の監査法人は、こうした経緯を何も知らない新日本監査法人だった。一九七〇年代から請け負っているあずさが降板するのを不審に思った新日本は、引き継ぎの際に「重要な違法行為が疑われることはないか」「内部統制に重大な欠陥はないか」と質問したが、あずさは「ないと考えている」と答えただけだった(*2)。異常さを認識しても新日本に疑念を伝えなかった。結局、あずさの会計士たちは踏み込むことはしなかった。

金融監督庁はクレディの事件後、日本公認会計士協会に頼んで九九年十一月、加盟する監査法人に飛ばし金融商品に対する注意喚起をしてもらっていた。損失の計上の先送りや含み損を簿外処理する金融商品は、企業会計の実態を反映しないものだから、そういう商品によって損失を隠蔽している場合は速やかに解消して、実態を会計に反映させるよう求めたものだった。「それをやったのに、当時の朝日(後のあずさ)監査法人はいったい何をやっていたんですかね。あのころは時価会計の導入前だったので違法とは言えませんが、会計上は好ましいものではなかったので解消させようと注意喚起したんです」(佐々木)。

朝日監査法人はオリンパスがクレディを使って損失を隠蔽していたことを知っていたはずで、クレディと縁を切った後、どうなったのか当然、注意を払わなければならなかった。佐々木は「あずさは飛ばしをずっと認識していたんじゃないか」と疑った。「問題を認識して、これは続けられないな、と思ったんでしょう」。佐々木はそう推測した。

あずさの古手の担当会計士は、私が「飛ばし」の存在について尋ねると、「飛ばしがあったかどうかについては、非常に返事をしにくい質問ですね」と言葉を濁し、「ただ、私自身はオリンパス事件で公認会計士・監査審査会から何の処分も受けませんでした」と述べ、自身に処分がなかったことを盾にとって正当化を図った。「悪いのはオリンパスの役員です。彼らの責任は重大ですね。私個人は『問題はなかった』ということになりました」(＊3)。

しかし、公認会計士・監査審査会は金融庁にあずさと新日本の処分を勧告し、金融庁はそれぞれ業務改善命令を下した。あずさが問われたのは、「飛ばし」を見逃した不作為ではなく、オリンパスの監査を通じて不審な取引に気が付いても、問題意識が担当監査チーム内にとどまり、監査法人上層部に広がらなかったことと、自分たちが認識した問題点を新日本にきちんと引き継いでいないことだった。

もっとも金融庁も、金融監督庁時代にクレディ・スイスの検査を通じてオリンパスに「飛ばし」があることに気がついていた。当時は時価会計が導入される以前で違法性は問えなかったとはいえ、金融庁の傘下組織である監査審査会が、オリンパスを担当するあずさ監査法人を検査する際に継続的に注意してもよかった。公平に見れば、監査法人だけに咎《とが》を負わせるわけにはいかないだろう。

「我々は、クレディ・スイスの検査を通じて、いろんなところが『飛ばし』をやっていることを認識しました。そのうち金融行政の手の届く範囲内の、銀行や信金など金融機関の飛ばしについては、きちんと処理させたんです。しかし、非金融機関である一般の事業会社については、私たち金融行政の所管外でした」（佐々木）。つまり金融機関は金融庁の所管だったが、オリンパスは所管外だったから、手が出せないというのだ。

巨額損失隠しを謝罪するオリンパス旧経営陣（'11年12月、共同通信社提供）

金融庁と証券取引等監視委員会、公認会計士・監査審査会は、同じ金融担当大臣が所管しているとはいえ、組織ごとに独立していて連携は乏しかった。クレディの検査によってわかった情報を共有し、互いの問題意識をはぐくむ協調関係はなかった。同じビルに入り、エレベーターで簡単に行き来できるのに、縦割りと細分化された官僚機構は情報を出し惜しみ、それぞれの縄張りに安住する。クレディの検査によって押収した大量の資料を活かすことはできなかった。曲がりなりにも互いの組織の連携が醸成されるようになるのは、監視委については佐渡賢一が委員長に就いた二〇〇七年以降だったし、公認会計士・監査審査会はむしろオリンパス事件が表面化する前後になって、やっとだった。

監査審査会は新日本、トーマツ、あずさ、あらたの四大監査法人には二年に一度検査をしていた。日本公認会計士協会も同様に二年に一度の割合で監査していた。さらに監査審査会は、大手監査法人の監査先の企業の中から「ここは」というところを選び抜いて検査してもいた。あずさとオリンパスを締め上げるチャンスはあったはずだった。

「しかし、そういうマインドがないんですよ」と佐々木。監査審査会は、決められたルーティンワーク――つまり、日本公認会計士協会の品質管理レビューを前提にした検査をすれば「事足りる」と考えがちだった。「もちろん、ルール通りに検査をすればいいのですが、そのときに『なんか変だな』という勘が働くかどうか。大量にある情報から何を抽出するかが問われてくるんです」。検査や監査には、捜査と同じく、職業的な経験に支えられた勘が大事だった。「監査審査会は、ルールやマニュアルに依拠した準拠性のある検査はできるんですが、監査法人の先にある企業に対して『健全な猜疑心』を持ってみることができていませんでした」(佐々木)。監査法人のチェックには多少なりともノウハウが蓄積され、職業的な勘も働くようにはなっていたが、監査対象の企業の業務実態には知見がなく、とても不正を見つけるような力はなかった。

東芝の悲劇

東芝の不正会計の発覚は、多くの経済事件がそうであるように、内部告発が端緒だった。最初の情報提供は、二〇一四年夏から秋にかけてか、遅くとも十二月には証券取引等監視委員会にもたらされている。「非常に信憑性《しんぴょうせい》の高い内容のものが一件きました。正義感にかられた人が『会社をまっとうにしたい』と思ってやったと思われます」と、そのときの監視委の幹部は言う（＊4）。

寄せられたのは、東芝の原子力など重電部門の工事進行基準に関するものだった。「工事進行基準」とは、受注から完成まで長期間にわたる原子力や火力発電プラントの場合、完全に完成していなくても、工事の進捗状況に応じて売上高や経費を計上する会計手法のことである。これを利用して意図的に経費を少なく見積もる一方、進捗率を高めに設定して売上高を過大に計上する会計操作がまかり通っているというのだった。

監視委の開示検査課は一四年十二月、新日本監査法人に「東芝の監査調書を見せてほしい」と調査にやって来た。新日本監査法人は東芝の監査を請け負っていた。驚いた新日本の幹部はすぐに東芝に「監視委が東芝の電力やインフラ部門に非常に興味を持っていますよ」と連絡している(*5)。

年が明けた一五年一月、開示検査課の職員が東芝にも調査に訪れ、東芝の社内カンパニーである電力システム社、社会インフラシステム社、コミュニティ・ソリューション社の三つを対象に「工事進行基準」について再調査して報告するよう求めた。監視委の申し出は「いつ受注して、受注総額はいくらで、原価はいくらなのか。そしてロスコン(東芝の社内用語で、損失が発生している意味)があったとしたら、いつ認識したのか、認識したときにちゃんと損失計上しているのか、これらをすべて報告してほしい」というものだった。東芝は三月下旬までかけて、すべての案件を洗い直すことになった。

東芝社長の田中久雄《たなかひさお》は、監視委の狙っている矛先が重電部門だったことにホッとしたようだった。二月二十七日の定例の取締役会で、「証券監視委が調査にやってきましたが、対象は電力システム社と社会インフラシステム社、コミュニティ・ソリューション社だけです」と嬉しそうに話している。出席していた取締役は、監視委が調査にきたというのに、にこやかに振る舞う田中に違和感を覚えた。田中がそうするにはわけがあった。彼こそは、在籍していたパソコン部門(パーソナル&クライアントソリューション社)で巨額の粉飾の仕組みを創った張本人だったからである。田中は監視委の照準が向いている先が、自身の足元のパソコン部門ではないことに安心したらしかった。
この当時、東芝は、社長、会長を務めたパソコン部門出身の西田厚聡《にしだあつとし》相談役と、西田の後任社長で原子力部門出身の佐々木則夫《ささきのりお》副会長が人目をはばかることなく口喧嘩するほど内部対立は深刻さを増していた。田中はパソコン部門に在籍したことがあり、西田の系列だった。そんな田中からすると、監視委が関心を示した先は、西田が対立している佐々木の出身母体の重電部門であり、自身の悪行はまだ露見していなかった。だから田中は他人事のように振る舞えた。

東芝の財務部門が監視委の対応に大わらわになっている三月、新日本監査法人にも東芝の原子力事業部の粉飾を暴露する内部告発があった。監視委に寄せられたものと同じ内容のようだった。新日本の、東芝の監査を担当するパートナーの会計士が東芝に「こんな内部情報が寄せられている」と相談に来ると、東芝の監査委員会委員長の久保誠《くぼまこと》（元ＣＦＯ）は「実はいくつか問題がある案件があります」と素直に応じた。このときまでに東芝の財務部門が三つの社内カンパニーの工事進行基準を調べていくと、原子力関連などで不適切な会計処理をしている案件が見つかった。社内調査を主導した財務部長が監視委にその旨を報告に行くと、「第三者の目を入れて、しっかり調査されてはいかがでしょうか」と指導された。

それを受けて東芝は社内に室町正志《むろまちまさし》会長直属の特別調査委員会を設け、社員のパソコンに残った電子メールなど電子情報を解析するフォレンジック調査に乗り出した。すると、「プレッシャーをかけられて無茶な売り上げを計上した」というメールが続々と出てきた。佐々木則夫は部下に無理難題をふっかけ、部下たちは、計上できないはずの売り上げや利益を計上し、トップの要求にこたえてきた。それが、彼の出身母体の重電部門に限らず、パソコン部門やテレビ・DVDの家電部門など社内のあちこちに伝播し、様々な部署に広まっていることが浮かび上がったのだ。

監査で適正意見を出してきた新日本は、できるだけ穏便に済ませたがったが、起用された森・濱田松本法律事務所の弁護士からすると、そうもいかなかった。日弁連がつくった企業不祥事の際の第三者委員会のガイドラインに即して、東芝お手盛りの特別調査委員会ではなく、社外の弁護士らが主導する第三者委員会が設けられることになった。そうなると、もはや東芝経営陣の統制はきかない。粉飾を重電部門にとどめておくことは不可能だった。東芝社内全体に蔓延した粉飾が白日の下にさらされようとしていた。

ちょうど第三者委員会の報告書が発表されようとしていた七月、佐々木清隆は四年間務めた検査局審議官（公認会計士・監査審査会事務局長も併任）の勤務を終え、古巣の証券取引等監視委員会に事務方トップの事務局長として戻ってきた。私があいさつに行ったときに、東芝の不正会計について刑事告発するのか見通しを尋ねたところ、佐々木は「刑事事件にはならないと思いますよ」と慎重な口ぶりだった。

しかし、七月二十一日に東芝の第三者委員会報告書が公表され、西田、佐々木、田中の東芝の歴代三首脳をはじめ、四人の副社長と久保誠監査委員長がそろって退任に追い込まれると、佐々木の言い回しは次第に変わっていった。

監視委の開示検査課は、第三者委員会の報告書が公表されると、それをもとに十月以降、東芝の主要役員経験者を取り調べていった。その結果、監視委は十二月、東芝の一二年三月期と一三年三月期決算の有価証券報告書で重電部門の売り上げの過大計上やパソコン部門の費用の過少計上などがあるとして、七十三億円余という過去最高額の課徴金を納付するよう金融庁に勧告した。通常、担当課長任せの記者会見に、事務局長である佐々木もレクチャーマンとしてやって来た。言いたいことがあった。

佐々木は会見で、東芝がグローバルな大企業であるうえ、指名委員会等設置会社制度を導入するなどコーポレートガバナンスに先進的に取り組んできたものの、それがまったく機能していなかった点を指摘し、「表面的な会計上の問題にはとどまらない重大な事案です。単に数字を直せばいい、課徴金を払えばいいという問題ではありません。根本原因を治さないと問題が再発します」と言及した。このころ佐々木は検査や調査に係る部下たちに「起きている事象を見るだけでなく、なぜ、そうしたことが起きたのか、根本原因を見ろ」と口を酸っぱくして言ってきたという。根本的な原因に辿り着くまで「ホワイ?」を五回繰り返せ、というのだ。佐々木からすると、東芝の問題の根本原因は「数字の計上の仕方の間違い」といったテクニカルなことではなく、コーポレートガバナンス、つまり企業統治のあり方そのものだった。もっとも、根本原因はわかっても、どうやって治療すべきなのか、治療法はわからなかった。このあと、思い切って経営陣の顔ぶれをかなり取り替えたり、外部から経営トップを招聘したりしても東芝の根本原因は治癒しなかった。

金融庁は一五年、安倍政権の成長戦略の一環としてコーポレートガバナンス・コードを策定し、上場企業はその遵守《じゅんしゅ》を求められてきた。欧米の投資家から日本は〝特異〟だと蔑《さげす》まれないよう株主の公平性や情報開示の透明性などを謳《うた》い、投資を呼び込み、ひいては株高をもたらしたかったが、東芝の振る舞いはその看板に泥を塗るような行為だった。もともと東芝はコーポレートガバナンス改革の〝優等生〟とみなされ、歴代首脳は財界や政府の要職を務め、日本を代表するエクセレント・カンパニーのはずだった。「それが全然機能していなかったんです」と佐々木は驚いた。社外取締役は「お飾り」だった。西田と佐々木が対立し、社内が割れていたのに誰も止められなかった。不正会計を牽制する社内の内部監査も機能していなかった。佐々木が会見で言及した「根本原因を治さないと再発する」という見立ては、その通りだった。東芝はこの後、五、六年間にわたって経営が迷走し、次第に衰弱していった。東芝経営陣の宿痾《しゅくあ》ともいうべき、なんでも他人事とする評論家体質、そして御身大事の無責任体質に起因するものだった。それは、佐々木が言う「根本原因」だったかもしれない。佐々木はこのときの会見で「課徴金処分でおしまいというわけではなく、今後も改善報告を求めて、しばらくウォッチしていきます」という趣旨の発言もしている。いったん課徴金という行政処分を下して、東芝事件の全体像を示すことで市場の動揺を抑え、しかる後に個人の刑事責任を問う。そんな二段構えを視野に入れていた。

金融庁は翌一六年一月、東芝の不正決算を見抜けなかった新日本監査法人に対しても二十一億円余の課徴金納付を命じた。オリンパスに続き東芝でも処分を受けて、新日本の執行部は総退陣に追い込まれた。金融庁と監視委、公認会計士・監査審査会はそれぞれが独立して意思決定していたが、東芝と新日本の処分については三者が連携して平仄《ひょうそく》を合わせた。佐々木は「何度も打ち合わせして中身も齟齬《そご》がないように連携してやったんです。このころから、そういうことができるようになりました」と振り返る。

東芝は八月、経営陣刷新の目玉人事として社外取締役に元監視委委員の野田晃子《のだてるこ》を起用することを発表したが、佐々木はそれを聞いて違和感を覚えた。野田は中央青山監査法人の会計士を経て監視委の委員を六年間務めてきた。佐々木は、東芝が「元証券取引等監視委員会委員」という肩書が欲しかったのだろうと受け止めた。

東芝の第三者委員会の調査報告書を読んだ佐々木は「報告書がわかりにくくて、できがあまりよくない」と言う一方、「パソコンのところは額が大きい。しかも実際は赤字だったのを黒字にしている。それ以外にも映像（テレビ）や半導体にも会計上の問題がある」と問題視していた。そしてこう付け加えた。「はたして課徴金だけでいいのか、刑事責任を追及できるかどうか」。語尾は濁したが、このころ刑事告発に向けた「やる気」をにじませていた（＊6）。

東芝の副社長や監査委員会委員長を歴任した久保誠が、監視委特別調査課に取り調べのために呼び出されたのは一六年二月十日のことだった。女性の調査官が担当官だった。以来、二月十二、十六、十九、三月十四、四月二十、二十六、五月十八日と八回ほど尋問に付き合わされた。特別調査課のお出ましということは、監視委が法令違反の疑われる行為を見つけ、東京地検に刑事告発しようとしている、ということだった。久保は呼び出されるたびに霞が関の金融庁本庁内にある取調室で一日八、九時間ほど彼女の取り調べに向き合った。久保はなぜパソコン部門で粉飾が起きたのか「事実」を解明してほしかった。

東芝の粉飾の中核ともいえるパソコン部門の「バイセル取引」とは、赤字だったパソコン部門で西田厚聰が二〇〇四年から導入した手法だった。赤字を脱却する再建策として立案されたのが、ローエンドのパソコンについては、CPUや液晶、キーボードなど主要部品を東芝が調達して台湾の製造請け負いメーカーに売り（セル）、その台湾メーカーに組み立ててもらった後に東芝が買い戻す（バイ）という「バイセル」取引の活用だった。このときに東芝が台湾メーカーに提供する部品を「高く」買ってもらえれば、その瞬間、東芝に利益が「多め」に計上される。西田が率いたパソコン部門はこうした仕組みを使って決算期ごとに多くの利益（黒字）が出たように見せかけ、その実、あとで高く売った部品代を含めて台湾メーカーから高値で買い戻さないといけないため、赤字になっていた。四半期決算期末の三、六、九、十二月は黒字だが、あとの月次決算は赤字というありさまだった。

この手法を進言したのが、調達部門出身の田中久雄だった。西田はバイセル取引を活用して、赤字のパソコン部門を立て直したかのように装い、その功績をもって社長に昇進することができた。いわばバイセルは利益を架空計上するための打ち出の小槌であり、パソコン部門の一握りの幹部しか知らない粉飾の仕組みだった。

久保は財務の責任者としてこうした仕組みの存在を知るようになり、遅ればせながら解消を目指そうとしていた。一時八百億円強あったバイセルの残高を解消しようと、一四年九月中間決算でパソコン事業の「先手を打った構造改革費用」として二百億円を計上し、同十二月末（第3四半期決算）までに二百五十億円ほどを取り崩し、バイセル残高を五百五十億円にまで圧縮することができた。しかし、ちょうどそこに監視委の調査が入り、それ以上、解消できないままに終わってしまった。

最高財務責任者（CFO）だった久保は、自身も刑事訴追される不安はあったが、「どうしてバイセル取引がこれほどまでに増えてしまったのか、その真相を明らかにしてくれるのならば」と監視委の取り調べに協力した。同じころ、歴代三社長やパソコン部門の幹部ら十人以上が同じように取り調べを受けていた。

だが、久保は、取り調べ回数を重ねるうちに次第に失望するようになっていった。監視委の女性調査官は、西田がバイセル取引を指示したかどうかを執拗に訊ねるが、会長だった西田が細かなことで明示的な「粉飾」の指示を下すことはなかった。西田の部屋に決算の報告に行ったときのことを久保が話すと、彼女は「そこで西田さんはバイセル取引についてどんなことを指示しましたか」と尋ねる。「いや、西田さんは会長だから、そんな細かいことまで言いませんよ」と答えても、彼女は納得しない。佐々木のところに報告に行ったときの様子も細かく尋ねられたが、「佐々木さんはただ報告を受けているだけで、私たち経理の前では言わないんです」と言っても彼女は信用しない。その半面、具体的な手法に精通している調達部門出身の田中のことをあまり聞こうとしなかった。

監視委特別調査課が西田、佐々木、田中の三人の歴代社長を告発したい意欲は感じられたが、久保の目には事実を捨象し、単純化しすぎているように映った。課徴金処分の対象となった一二年三月期と一三年三月期の決算でいえば、確かに社長の佐々木はパソコン部門のトップだった深串方彦《ふかくしまさひこ》にバイセル取引を無理強いしたが、佐々木は久保のいる前では「俺はギリギリまで頑張れと言っているが、法に触れるようなことをやってはダメだ、と言っている。そのことはお前も知っているよな」と、自身が逃げられるような言い方をしていた。まして会長の西田がバイセルの件で口を出した場面を久保は知らなかった。「西田さんはそういうことは同じパソコン出身の身内にしか話さなかったんだと思います。よそ者の経理の人間に言いませんよ」。久保はそう説明した。

一六年五月十八日の取り調べを最後に監視委から久保への問い合わせは突然、なくなった。

このころ、いまにも強制調査に乗り出そうとしていた監視委の前のめりの姿勢に急ブレーキがかかっている。東京地検特捜部が七月初め、「東芝の事件化は困難」と監視委に伝え、朝日新聞や日本経済新聞が相次いで「立件困難」「地検、追及見送る公算」と報道した。監視委が刑事告発しようにも、逮捕や起訴する権限を有する検察が告発を受ける可能性はなかった。佐々木は、この間の事情をこう説明する。「検察が固かったんです。バイセル取引の違法性を問うのは難しいという判断でした。確かに異常な取引ではあるのですが、決算期をまたいで買い戻すようなことは他のビジネスでもあることで、他のケースと比べて商慣行としてどこまで違法性が問えるのか、ということになったんです」。

検察にとって前代未聞の不祥事だった二〇一〇年の大阪地検特捜部の証拠改竄事件に加え、破綻した日本長期信用銀行や日本債券信用銀行の頭取ら経営陣の無罪が相次いで確定し、すっかり及び腰になっていることも背景にあるように思えた。「検察が全般的に消極的で萎縮してしまって。国税庁も検察に対しては同じように感じていたと思います」。佐々木はそう振り返る。

検察が受け入れようとしないなか、監視委の佐渡賢一委員長は七月、記者会見をしてでも東芝のバイセル取引による利益の水増しの違法性についての見解を明らかにしようとした(*7)。佐渡は、検察が担当記者を使って「事件化は困難」と盛んに報道させようとすることに立腹していた。西田がバイセル取引という粉飾の仕組みを作り、それを佐々木則夫が「西田さんはうまいことを考えたな」とバイセルの仕組みを拝借して急拡大した。それに困った西田が、息のかかった田中に社長をやらせて、拡大しすぎたバイセルを制御しようとしたのが、東芝の不正会計の本質である。佐渡は、彼らが東芝を粉飾まみれの会社にしてしまったことが問題だと思っていた。「検察の言う取引実態があるかどうかなんて論点がずれている。バイセル取引という魔法の玉手箱を使って、東芝をこんな会社にしてしまったことが問題だ」。佐渡はそう捉えていた（＊8）。

佐々木は、佐渡が「記者会見をしてバイセル取引の本質を公開する」と聞いて困惑した。「私は刑事告発をするべきだと思っていましたが、途中段階で記者会見して検察を批判するのはまずいと思ったんです」。いつもは主戦論を唱えることの多い佐々木だが、このときは「検察はわかっていない」と譲らない佐渡を止める側に回らざるを得なかった。佐渡自らが会見で説明しないとなれば、監視委の事務方で担うしかないが、記者たちの前で検察とぶつかるようなことを説明できる者がいるはずもない。「検察と監視委の組織としての信頼関係を損ないかねないので、ここは慎重に対応しましょう」。佐々木によれば、そう進言したという。

久保は九月十三日、四ヵ月ぶりに取り調べを求められたときに監視委の姿勢が変化していると感じた。すでに検察が消極姿勢という報道をいくつも目にしていたので、監視委と検察がぎくしゃくしているのだろうと推測した。

さらに同二十三日も呼ばれた。午前十時から午後九時までの十一時間に及ぶ取り調べの終了間際、女性調査官が「久保さんの取り調べはここまでにします。調書に署名と捺印をお願いします」と告げた。「どういうことですか。本当にやる気があるんですか。検察がやる気がないように報道されていますが、どうなんですか」。久保が声を荒げた。だが、彼女から返事はない。

温厚な久保はここで怒った。「証券取引等監視委員会がバイセル取引を解明したいというから、自分が訴追されるかもしれないと思いながらも取り調べに協力してきたのに、ここでやめるんですか。署名と捺印は拒否します」。そう啖呵《たんか》を切られた彼女は「私は、久保さんは巻き込まれた被害者と思いますが、監視委の中には久保さんも不正会計の協力者と見る人もいます。調書の作成に協力しないならば、意に沿えないことになるかもしれません」と脅すようなことを言う。

久保は呆れた。「第三者委員会の報告にもあるようにバイセル取引の残高を積み上げていったのは、パソコン部門のトップだった下光秀二郎《しもみつひでじろう》や深串方彦、それに調達出身でこの方法を編み出した田中久雄なんです。それと、細かい指示を出していなかったかもしれないが、そうやって利益をかさ上げすることを期待していた西田厚聰。あるいはその仕組みを使えると知って、残高を思い切り増やしていった佐々木則夫。そういう人たちが主犯格でしょう。そこを解明しないで手じまいするんですか」。そう言って、署名、捺印することなく席を立った。

十月六日に彼女から電話があったが、「もう何があってもあなたには協力しません」と告げて電話を切った。

佐渡は結局、東芝事件を刑事告発することはできなかった。一六年十二月、九年近く務めた委員長を退任した。東芝については「新体制で新しい視点から事案を見てほしい」と言及し、あきらめきれない様子だった。

そのあと監視委は、佐渡が言い残したように新体制で調査を細々と続けた。久保は今度は監視委特別調査課の年かさの男性の調査官から電話で呼び出しを受けて、一七年三月十六日、一八年二月二十日、九月八日の三回の取り調べに協力した。前任の女性調査官が異動し、代わりに彼が受け持つことになったのだという。これまで散々彼女に話してきたのと同じ話を繰り返して質問され、いままでしてきたのと同じ回答をした。ベテランの男性調査官は、バイセルの中心にいた社員を何度も取り調べていたが、手こずっていた。「二十回以上も彼に聞いているんだけれど、のらりくらりとして、彼の説明はよくわからないんだよね」。男性調査官はそう久保に言った。

調査官は一八年九月八日の取り調べで「本件については私がけじめをつけ、とりまとめをすることになりました。全体像を聞けるのは久保さんしかいないので、ぜひ協力してほしい」と言った。それを聞いて久保は耳を疑った。「そんなことのために協力しろというんですか？

役所内で書類をつくるためのけじめですか？　もういい加減にしてください」。再び席を立った。もう監視委に協力しないと決めた。

「監視委はとにかく三社長をやろうとしていました。パソコン部門の下光や深串を『社長じゃなきゃ、雑魚ですよ』と軽視するんです。そういう感覚で調べている限り、真実から目を背けていると思いました」。そう久保は当時のことを振り返った（＊9）。

東芝に挑んだ監視委特別調査課は結局、敗北した。

佐々木は「有価証券報告書の提出者は社長なので、社長の責任を問うのが本筋で、根本原因を作った社長に責任がある」と指摘したうえで、こう振り返った。「佐渡委員長の思いはあったと思いますし、課徴金ではそれなりに迫ることができました。しかし、あの後、西田さんが亡くなってしまい（二〇一七年十二月死去）、刑事告発まで踏み込むことはできなくなってしまったんです」。

監視委が一点、教訓として得たのは、東芝のパソコン部門の粉飾は、電機業界の担当アナリストらにはずいぶん以前から疑念として広まっていたことだった。「いろんな人に聞くと、リーマン・ショック後、日立製作所やソニーが構造改革をしてきたのに東芝はあまりやってこなかったというんです。東芝のパソコン部門がずっと黒字なのはおかしいと疑うアナリストもいました」（佐々木）。

確かにそうだった。野村証券の渡部賢一《わたなべけんいち》社長は、部下のアナリストの情報をもとに東芝のパソコン部門の経営状況は厳しいと見て、当時社長だった西田と会食した際に「M&Aなど再建のお手伝いをしますよ」とトップセールスをしたことがあった。ウィンテル（マイクロソフトとインテル）に牛耳られ、パソコンは汎用品（コモディティー）と化して利益貢献や成長性が見込めなくなりつつあった。渡部は「弱くなった分野を売却して、それで得た資金によって、強いところをもっと伸ばす投資に充ててはいかがでしょうか」と、「選択と集中」と絡めたM&Aを提案したつもりだったが、結果は散々だった。「あなたはパソコンに詳しくないくせに、余計なことを言うな」と西田に叱られ、渡部は困惑するしかなかった（*10）。しかし、それぐらい東芝のパソコン部門が「本当は危うい」ことは株式市場では噂となっていたのだ。

佐々木は監視委市場分析審査課に市場モニタリング室というマクロ分析チームを設けた。証券会社のアナリストや格付け会社を回って、個別業界の動向をヒアリングさせるようにした。例えば、中国経済や原油相場が特定の業界や企業に影響を与えそうだったら、そうした企業の財務内容や情報開示内容を分析する、というようなことだった（*11）。

とはいえ、ただ〝お勉強〟をして終わりかもしれなかった。「まぁ、成果があったかどうかは、わかりませんが」と佐々木は苦笑いした。

村上、再び

証券取引等監視委員会特別調査課は東芝にとりかかる少し前の二〇一五年十一月二十五日、村上世彰の自宅や彼が率いる投資会社レノ、C&Iホールディングス、さらに行動を共にしていた村上の長女絢の自宅を一斉に家宅捜査した。東証一部上場のアパレル大手、TSIホールディングスの株式の売買に関して金融商品取引法一五九条二項の違反（相場操縦）を疑った。TSIは、かつて村上が委任状獲得競争（プロキシーファイト）を行った東京スタイルと、サンエー・インターナショナルが一一年に経営統合してできた大手アパレルだった。村上側の関係者の一人は、監視委の調査官が家宅捜索の際に読み上げた容疑を録音していた。それによると、疑われた取引は以下の二つだった。

①、村上ら五人は株価を人為的形成しようと一四年六月二十七日、東証一部上場のアパレル大手TSIホールディングス株を連続した売り注文で二十八万六千五百株を売りつけ、

さらに売り気配値以上の指値で三万八千五百株を売りつける委託をし、TSI株の売買が盛んであると見せかけて株価を七二二円から六六九円まで下げさせて、下がったところで百四十五万六千四百株を買いつけた。

②、同年七月十六日にも、やはり連続した売り注文でTSI株を八十万九千株を売りつけ、さらに同様に売り気配値以上の指値で七万千九百株を売りつける委託をし、取引が盛んなように装って株価を七八七円から七〇〇円まで下げ切ったところで二百四十万三千三百株を買いつけた。

監視委が疑ったこの二日間の大量の売り注文は、村上の傘下企業のシティインデックスホールディングス、リビルド、レノの三社による空売りだった。三社は空売りを仕掛けてTSI株の値下がりを誘導して、株価が下がったところで、同じ三社が東証の時間外取引のトストネットを通じて大量の買い注文を入れ、安い値段に下がったTSI株を取得していた。しかも七月十六日の取引ではレノが取引終了間際の十分間に大量に売り注文を出し、「終値関与」が疑われる行動をとっている。終値関与とは、引け値を意図的に誘導したとみなされ、金商法の禁止する相場操縦の疑いを持たれかねない行為だった。三社にTSI株を売ったのは、やはり村上傘下企業のフォルティスだった。フォルティスはTSIの現物株を大量に持っていた。フォルティスはトストネットを通じて、空売りをし続けてきたシティインデックスホールディングス、リビルド、レノの三社に株を売っていたのである。

監視委は、村上が株取引で使っている三晃証券を検査した際に村上の取引に疑念を持った。意図的な空売りで株価を下落させて安く買うことができた点に犯罪の臭いをかぎ取った。空売りによって低く誘導した株価で株を買わせて、得をさせているのではないか、というのである。佐々木は、大学時代の同学年でもある村上がインサイダー事件に続き、またしても強制調査の対象になったことに「村上がまた、こんなことをしている」と怒りを隠さなかった。監視委は刑事告発を視野に入れて摘発に乗り出した。二度目の起訴がありうる展開だった。


村上は二〇〇六年にインサイダー事件で逮捕された後、最高裁が上告を棄却する一一年六月まで五年間も法廷闘争を続けた。村上は表向き「自分の裁判が終わるまでは何もやりません」と言っていたが、〇八年九月にリーマン・ショックが起きると、逮捕時に二百六十億円以上あった個人資産を元手にして不動産投資をするようになった。地価の下落や不動産会社の相次ぐ破綻を、逆に都心の一等地を安く買える好機と見たのだ。

そうして手に入れたのが、友人のGMOインターネットの熊谷正寿《くまがいまさとし》が売りに出した南青山の十階建てのビルだった。GMOは消費者金融事業に乗り出そうと業界中堅のオリエント信販を買収したものの、その後、過払い金負担が重くのしかかり、熊谷は保有不動産を売却して個人資産から捻出した資金をGMO再建に注ぎ込まなければならなかった。村上は、この熊谷から取得したビルに、投資会社レノをはじめ、傘下企業を続々入居させた。〇八年九月以降、レノを通じて、マンション分譲の旧ダイナシティや、リーマン・ショック後に倒産したジョイント・コーポレーション、フレッグインターナショナル（後にシティインデックスホールディングスと改称）など新興の不動産ディベロッパーを相次いで買収した。

彼の片腕になってグループ企業を切り盛りしていたのが、旧村上ファンド出身の三浦恵美《みうらえみ》だった。彼女は北海道帯広市に生まれ、早大政経学部在学中に米国イリノイ州の大学に交換留学生として留学し、卒業後、コンサルティング会社のベイン・アンド・カンパニーや日興ソロモン・スミス・バーニー証券を経て村上ファンド（M&Aコンサルティング）に参じた。インサイダー事件によって村上ファンドが瓦解し、仲間たちが村上を検察に差し出して保身を図ろうとするなか、ずっと法廷闘争を支えた数人の側近の一人だった。それだけに村上の信任は厚かった。

村上は、自身の上告が最高裁に棄却された後は、このレノを中核にしていくつものグループ会社（南青山不動産、C&Iホールディングス、リビルドなど）を使って、かつての村上ファンド流の株式投資を本格化させている。株価が安い企業の株を買い占め、増配や自己株消却を要求するアクティビストのやり方である。TSIホールディングスもそんな投資対象のひとつだった。

三浦恵美から私に電話があったのは、監視委に強制調査に入られて二週間後の十二月七日だった。「監視委の見立ては違うんです。こじつけられて逮捕されるのは不本意なので是非、話を聞いてほしい」ということだった。

彼女と法律事務所ヒロナカの渥美陽子弁護士によると、村上はフォルティスで保有するTSI株を売って得た資金を元手にして、株の買い増しを図っていたアコーディア・ゴルフ投資の軍資金に回したかったという。しかし、フォルティスがそのまま素直に現物株を売ると、株主名簿の議決権の変動からTSIの経営陣に村上が保有株を減らしていることがわかってしまう。TSIの経営陣に経営改善や株価上昇の圧力をかけ続けてきた村上が、撤退しようとしていると受け止められたら経営陣は緊張感を失うかもしれないし、何よりそれを知った株式市場でTSI株の「売り」を誘発し、株価が大きく下落するかもしれなかった。村上は、なるべく経営陣に株の売却を知られず、なおかつ株価が崩れないようにしたかったので、シティインデックスホールディングス、リビルド、レノ、C&Iホールディングス、オフィスサポートの傘下企業五社を使って二〇一四年五月からTSI株を少しずつ空売りし続けた。しかし、空売りはどこかで現物株と決済をしなければならない。それで村上はトストネットを通じてフォルティスが保有するTSIの現物株を、空売り攻勢をかけてきた他の傘下企業に売却した——これが顚末なのだという。

「空売りがたまったところでフォルティスから買って返済した、ということなんです」と三浦。渥美はさらにこう解説した。「しかも、利益は出ていないんです。空売りしてきたことで現物株の株価が下がっているからです。空売りした三社が安く買って儲けた分、フォルティスは安く売って損しているんです」。つまり利益と損失が相殺された取引というのだ。問題となりそうなのは、終値取引のところだけだった。引け際に三万株取引のあった日に村上が二万五千株も空売りしていたことがあった。「でも、毎日のように売り続けているので終値を意図的に下げる狙いはないんです」と渥美は補足した(*12)。

村上は、元名古屋高検検事長の宗像紀夫弁護士らを起用して第三者委員会を設け、自身の取引を検証してもらった。さすがに宗像たちも「自己が大量に保有する株の価値を人為的に下げるなどということは、容易に吾人の理解するところではない」と驚いたが、その一方で監視委の「強制調査着手前の調査不足」を難じた。「株価を引き下げる方向での相場操縦」は「前例のない態様」で、過去の相場操縦には例外なく「見せ玉、仮装売買、馴合売買、風説の流布などといった違法性のある手段(手口)が単独または併合した形で用いられていた」が、村上のこの件ではそうした手口は一つもないと指摘し、「刑事処分の対象となる相場操縦罪には当たらない」と結論付けた(＊13)。

アコーディア・ゴルフ株の買い増し資金捻出のためにTSI株を売るのならば、素直に売ればいいものを、売っていることが露見しないよう妙な「カモフラージュ」をするものだから監視委に怪しまれた。父の手ほどきを受けて小学校三年生のときから株取引を始めたという村上は、株の売買のノウハウに長け、小細工を弄するきらいがある。ライブドアに時間外取引を使ったニッポン放送株の収奪の仕方を教え、自らも株式に転換できる転換社債の大量買い占めによって阪神電鉄株をあっという間に買い占めることに成功した。三浦は、村上がそうした策を弄し過ぎる点を認め、「そろそろ世代交代の時期ですね」と言い、このあと袂を分かって〝寿退社〟した。渥美弁護士も「もともと目をつけられていたところに、こういうことをやったから疑われた」と認めた。

しかし、だからといって相場操縦とは言えなかった。

監視委は、意気込んだような刑事告発にまで持っていけなかった。村上が第三者委員会を設置して自分は「潔白だ」と主張することに、「白か黒か判断するのはこっちだから」(佐渡委員長)と反発したものの、なかなか白黒つけることができなかった。

佐々木は、特別調査課が強制調査に入ったものの、間もなく、見込んだほど上手くいっていないと報告は受けていた。佐々木は「あれが不発に終わったのは……そこまでのエビデンスがないということだったんじゃないですか」と、お手上げだったことを認めた。世間の関心が薄らいだ一八年に入って監視委は刑事告発を見送ることにした。

ＩＦＩＡＲ

佐々木は、金融庁検査局審議官と公認会計士・監査審査会事務局長を兼任していた二〇一四年、監査法人を監督する国際機関「監査監督機関国際フォーラム」（ＩＦＩＡＲ《イフィアール》）の常設事務局をどこかの国に設けるという構想があることを知った。ＩＦＩＡＲは、国際的な活動をする大手監査法人を監視しようと、世界各国の監査法人の監督当局が集まって〇六年にできた国際会議体だった。エンロン事件のあとに新設されたアメリカの公開企業会計監視委員会（ＰＣＡＯＢ）や、それをまねてできたカナダやフランス、イギリス、日本の監査審査会などが加盟し、各国の加盟当局が互いの検査に通じて得た知見を持ち寄る多国間情報交換の取り決めを結んでいた。といっても常設の事務局はなく、正副議長に選出された国の監督当局が持ち回りで事務局役を代行していた。それが、常設事務局を設けるという。

「日本には国際機関の本部がほとんどなくて、ＯＥＣＤやＩＭＦに勤務してみて日本の国際社会におけるプレゼンスの低さは痛感していました。海外勤務の経験から『日本にも国際機関があったほうがいい』と思ったんです。それに、もし中国が入ってきたら日本の勝ち目はない。中国が加盟する前の、いまが立候補するベストのタイミングだ、と思ったんです」

佐々木のそんな進言が奏功し、金融庁は一五年一月、ＩＦＩＡＲの本部事務局を東京に誘致することに名乗りを挙げた。設立当初は十八ヵ国に過ぎなかったＩＦＩＡＲの加盟国は一六年十二月時点で五十二ヵ国と三倍増になった。誘致には、日本を含め七ヵ国が立候補していた。圧倒的に欧州勢が多く、三十一ヵ国も占めていた。日本は仮にアジアの票（十ヵ国）をすべて獲得しても勝算はないだろう、と思われた。

名乗りを挙げた七ヵ国の提案書が二月に出そろった。それを見て佐々木は「これは負けたな」と思い知らされた。ライバルの各国はＰＲコンサルタントを雇ったような見栄えのする提案書だったが、日本のそれは、あらかじめ決められた様式の立候補届け出書に、そのまま日本の役人が書き込んだ味気ない代物だった。「中身も体裁も向こうはプロに作ってもらったような素晴らしいもので、『これはいかん』と思い、四月に台北で開かれるプレゼンに賭けることにしました」。

といってもノウハウがあるわけではない。霞が関の各省に国際機関を誘致した経験は乏ししい。そこで頼ったのはアジア開発銀行やIMFなど国際機関の要職を射止めた官僚OBたちだった。国際刑事警察機構（ＩＣＰＯ）の総裁を務めた警察庁ＯＢの兼元俊徳《かねもととしのり》にも話を聞きに行ったし、ちょうど東京五輪の誘致に成功したばかりの東京都庁にも足を運んだ。「そういう人たちに『どうすればいいか』と聞いて回ったんです。すると『とにかく熱意だ、ドブ板だ』と。一対一で回ることが大事と聞きました」。それと同時に在日米国商工会議所のチャールズ・レイク会頭ら日本駐在の海外ビジネスマンからの支援も取り付けた。

プレゼンで好印象を与えるために、誰かにコーチングを頼もうと思ったが、金融庁に予算はない。年度末に近い二月に全庁的にかき集めたら、なんとか三十万円を捻出できた。それで一回三時間のレッスンを合計三回やってくれるコンサル会社を雇った。アメリカ人のコンサルタントが言う。「理想のプレゼンテーションは、アップルのスティーブ・ジョブズですよ」。このころ流行し始めた米ＴＥＤカンファレンスの動画も研究し、惹きつけるスピーチの仕方を学んだ。原稿を用意して身振り手振りを交えてプレゼンの練習をし、それをビデオ撮影したコーチのアメリカ人が画像を再生しながら細かい改善点の注文をつけていく。こうして一ヵ国八分間までと制限のある一次予選のスピーチに臨むことにした。

台北予選における佐々木のプレゼンテーションは想像以上に反響を呼んだ。「佐々木さんは英語で外国人にプレゼンするのが、ものすごくうまいんです。英語が話せる人でも外国人

IFIAR誘致のプレゼン前日のレセプションに和服姿で出席（左端、'15年4月佐々木提供）

の前ではおじけづいてしまうのに、あの人は度胸がある。それにナルシストだし（笑）。ピカイチでした」。部下の一人はそう振り返る（＊14）。

プレゼン前日のレセプションでは、佐々木は和服姿で現れ、西洋人に印象付けるのに成功した。ＯＥＣＤ勤務時代、パリのシャンゼリゼ通りを夫婦で和装して歩いてパリ市民に「サムライ！」と面白がられたことがあった。それを思い出し、わざわざ日本から和服を持ち込んだのだ。かくして一次予選は無事通過した。

その後、証券取引等監視委員会事務局長に転じても、引き続きＩＦＩＡＲの誘致活動は担当した。歴代の監視委事務局長は、その後、金融庁長官まで昇進した五味廣文ら数人を除けば、金融・証券業界系の団体の専務理事などに〝天下り〟するケースが少なくなかった。つまり官僚としては一丁上がりのポストだった。大蔵官僚として日の当たる出世コースを歩んできたわけではない佐々木にとって、局長級ポストに就いたことは、そろそろ自身の官僚生活の終わりが見えてきたことでもあった。だから自身の官僚生活に何らかの痕跡を残したかった。それがＩＦＩＡＲ誘致だった。

東芝の問題を同時進行で進めながら、英語に堪能な金融庁のスタッフを集めて対策チームを設けた。金融庁の森信親《もりのぶちか》長官と一緒に官邸を訪問し、官僚生活で初めて官房長官へのご説明にあがった。菅義偉官房長官に向き合うと、菅はすでにわかっていたようだった。「これは重要だな。絶対に勝て」と言った。呑み込みの早さと勝負勘に舌を巻いた。各国にむけて安倍晋三首相や麻生太郎財務相の親書も用意することになった。さらに応援してくれる議員連盟までできた。

二泊四日の強行スケジュールで英ロンドンの決選投票に挑んだ。バーゼル銀行監督委員会や金融安定理事会はスイスに、証券監督者国際機構はスペインに、国際会計基準審議会はイギリスに置かれている。ＩＦＩＡＲも加盟国の大半は欧州諸国で、その利便性を考えたら欧州に本部を置いたほうがよかったのだろうが、佐々木の「今後はアジアの経済成長が見込めるでしょう。いまのＩＦＩＡＲ加盟国はヨーロッパ諸国ばかりですが、これからはアジア諸国のメンバーを増やしていくべきです」というアピールは効いたようだった。決選投票で日本が選ばれた。

国際機関といっても小さな組織だが、ほとんど選ばれることのない日本に国際機関を誘致できたのは、霞が関の世界では大きな手柄だった。「あの人が、あれで終わらなかったのは、

ＩＦＩＡＲ誘致成功があったからだと思います」。部下はそう評した。
そろそろのはずだった佐々木は終わらなかった。

第六章

仮想通貨の衝撃

仮想通貨取引所運営のコインチェック本社前に集まった利用者たち
（2018年1月26日、共同通信社提供）

地場証券の閉塞

証券取引等監視委員会は二〇一五年十一月、アーツ証券（東京）をはじめ、上光証券（北海道）、共和証券（東京）、田原証券（愛知）、竹松証券（石川）、六和証券（京都）、おきなわ証券（沖縄）の七つの証券会社にほぼ一斉に検査に入った。ちょうど、東芝の開示検査を進め、村上世彰への強制調査にも乗り出していた時期で、監視委はさらにもう一つ大きなヤマを抱えることになった。監視委が北は北海道から南は沖縄まで列島の「地場証券」に一斉に検査に乗り込むのは初めてのことだった。列島を縦断する一斉摘発の幕が開けた。

二〇〇三年に設立されたアーツ証券は、不動産投資ファンドのダヴィンチ・アドバイザーズや証券業務用のシステム開発会社インタートレードなど持ち主が転々としたすえ、〇九年以降は、オプティファクターやグローバルコアなどの企業群を率いる児泉収が支配権を握ることになった。児泉は、病院など医療機関が請求する診療報酬債権に目をつけ、それを自身の経営するファンド運営会社オプティファクターで小口化した証券「レセプト債」に仕立てることを思いついた。アーツ証券を買収したのは、レセプト債の販売チャンネルにするためだった。東京にしか拠点がないアーツだけでは頼りないため、全国にレセプト債を売りまくる販売網として各地の地場証券を使っていた。

監視委は表向きレセプト債の「リスクをきちんと投資家に説明していない」という理由で検査に乗り込んだが、彼らの商売は詐欺商法と見破っていた。佐々木は「そこで、アーツとその販売の手先になっている地場証券を一斉に集中的に検査することにしたんです」と言う。大手や準大手の証券会社は監視委本庁が所管しているが、小規模の証券会社や地方の証券会社は各地方財務局の受け持ちだった。アーツはもとより、地方都市を拠点とする地場証券への検査も地方財務局の担当だが、佐々木は「これは財務局に任せていたら、うまくいかない」と考え、東京・霞が関の本庁に北海道財務局から沖縄総合事務局まで各地の検査担当者を集め、一斉検査に向けた段取りを何度か話し合ってきた。

レセプト債とは、医療機関が診察や注射など医療行為に応じた点数を明記した診療報酬明細書（レセプト）をもとにした債券のことだ。医療機関はレセプトによって社会保険診療報酬支払基金や国民健康保険団体連合会に保険の支払いを請求する。ただし、請求した後、実際に医療機関に支払われるまで二ヵ月程度の期間がかかる。このため、資金繰りが厳しく早く換金したい医療機関は、診療報酬債権を第三者の債権回収会社などに額面よりも割り引いて売却し、購入した第三者が支払基金や国保連合会に請求権をもつようになる。こうして正規のルートから流れてきたレセプトをもとに証券化して、一般の個人投資家むけに小口にしたのがレセプト債だった。国民皆保険の医療制度の下、レセプトに基づく診療報酬の請求はとりっぱぐれるはずがなく、安心できる投資先と触れ込むことができる金融商品だった。

児泉は、こうした社会保険制度への国民の信頼をもとにして、診療報酬債権を裏付け資産とするレセプト債を発行する発行会社オプティ・メディックス・リミテッドなど三社を英領ヴァージン諸島に設立した。またしても本社所在地はトルトラ島の「私書箱九五七号」だった。オプティ・メディックスなど三社は、償還期間一年で金利三％という触れ込みでレセプト債を発行し、アーツ証券や上光、田原など地場証券を通じて「国債と同じくらい安全」「元本割れはない」などと称して売りさばいた。購入したのは、地場証券の得意客である地方の資産家が多く、二千四百七十人が二百二十七億円分を払い込んだ（さらに同様の手口で中小企業の資金繰りを支援する債券を百二十人に五億円余ほど売り、米国不動産の収益源を裏付けとする証券を五百六十人に四十九億円分売っていた）。

しかし、アーツ証券の喧伝《けんでん》した「レセプト債」はすべて嘘だった。そもそも経営が厳しくて一刻も早く現金が欲しいがゆえに、正規の価格よりも割り引いてレセプトを横流しするような医療機関がめったにあるわけがない。小口化して約二千五百人に売るほど、原材料のレセプトを仕入れられるはずがないのだ。

証券会社の業界団体で自主規制機関でもある日本証券業協会が怪しく思って一五年四月にアーツ証券に監査に入ったところ、その杜撰な経営状況が浮き彫りになった。診療報酬債権を買い取ってそれを裏付け資産とするレセプト債を発行するという建てつけになっていたが、実際に取得した診療報酬債権は二十三億円程度しかなかった。それなのに一般の投資家から集めた金は二百二十七億円にもなった。集めた金のうち実際に診療報酬債権購入に回していたのは一割に満たなかった。日証協の監査スタッフは、発行されたレセプト債に対して裏付けとなる資産（診療報酬債権）がごくわずかしかなく、債務超過状態にあることにすぐに気がついた。日証協は八月、アーツに対して「投資家保護の観点から問題がある」「債務超過に陥っていることを投資家に開示していないのはおかしい」と監査結果を伝達した。レセプト債で集めた金は、地場証券など販売してくれた証券会社への手数料（四十一億円）や償還期日を迎えた社債の償還原資に回されていた。つまりクレスベール証券やＡＩＪ投資顧問と同じく、入ってきた金を償還原資に回すという自転車操業だったのだ。しかも六十億円余が社外に流出して、どこへいったかわからなかった。

佐々木の記憶では、日証協の森本学《もりもとまなぶ》副会長（元金融庁総務企画局長）が九月、佐々木を訪ねて来て、彼からこうした監査内容を知らされた。「これは放っておいたらマズいな」。検査計画を練り直し、すぐに乗り込むことにした。七月の人事異動後の検査予定はすでに決まっていたが、急いで組み替えた。しかも、本来は所管の地方財務局を差し置いて、本庁の監視委事務局が一斉検査を主導することにしたのには訳があった。「日証協の話を聞いて、財務局の検査が不十分だと認識したんです」と佐々木。

実は日証協の監査に一年以上も先立つ一四年二月、関東財務局がアーツ証券のレセプト債の仕組みに疑念を抱き、裏付けとなる資産（診療報酬債権）が本当に実在するのか、アーツ側に照会していた。しかし、アーツ側ははぐらかして、まともに答えなかった。業を煮やした関東財務局は同年四月、アーツに検査に入り、約四ヵ月の検査を通じてレセプト債の発行会社がすでに債務超過状態に陥っていることを認識した。財務局の検査官は「債務超過状態という重要な情報を投資家に伝えるべきだ」と指摘したが、アーツ側は煙に巻くような対応をし、とりあえず社内に開示ルールを設けるだけで、それ以上のことはしなかった。アーツの当時の取締役によれば、このとき検査官が「債務超過は、金商法上の説明義務の重要事項にあたらない」と説明したといい、アーツはそれを根拠に五月の取締役会で投資家に開示しないことを決めた。

創業者の児泉収は一三年三月病死し、跡を継いだ息子の児泉一《はじめ》は、同六月ごろには「父のやっていたレセプト債は詐欺商法だ」と気づき、頭の中が真っ白になるほど衝撃を受けた。いったんは資産を売却して事業を縮小する方向に舵を切ったが、結局は、アーツの川崎正社長から「生存確率はゼロに近いが、決してゼロではないので頑張っていこう」と説得され、詐欺を続行することに踏み切った。関東財務局が検査に踏み込んだのは、こうした代替わりの直後だった。偽ってカネを集めていることを自覚しているのだから、投資家に正直に債務超過を明らかにできるはずがなかった（＊1）。

関東財務局は債務超過になっていることをつかんでいたというのに、それ以上、追い詰めることをしなかった。なにごともなく一年が過ぎてしまった。

空白の一年の後、日証協が監査に入った後になって、関東財務局は一五年五月一日、レセプト債の裏付け資産の状況や債務超過の原因などについて、アーツ証券に対して金融商品取引法に基づく報告徴求命令をあわてて発出した。日証協が監査に動き出した一ヵ月後のことだった。だが、アーツは財務局の命令に対して自ら調査することをせず、レセプト債を運営しているオプティファクターに回答書を作るよう委ね、結局、アーツは財務局の質問に回答しなかった。軽んじられた財務局は五月二十二日になって、「なぜ債務超過に陥ったのか」と追加の報告を命じたが、アーツは「他社との競合で手数料率が下がった」「現金保有比率が三割と高めだった」などかみ合わない回答をした。このとき財務局は「償還資金を得るための自転車操業をいつまで続ける気か」と核心に迫る報告徴求命令までしているが、アーツは「他社との競合による割引率の更なる低下によって、当社としては診療報酬債権の証券化がビジネスモデルにならなくなるまで続けたい」と頓珍漢な回答をした（＊2）。

アーツ側にはまともに回答する気がないのだ。その間、日証協が問題点を把握し、監視委に通報した。関東財務局は完全に舐められていた。問題点に気づいていたのに手をこまねいているうちに、被害は拡大していった。

監視委が全国一斉の検査に乗り込んだのは、その後だった。逃げ切れないと悟ったのか、すでにオプティファクター傘下の発行会社三社が破産を申請しようとしていたころだった。佐々木は、日本列島を縦断する大掛かりな検査の指揮にかかわったものの、赫奕《かくやく》とした武勇伝とするには少々気が引ける展開だった。

金融庁・監視委・各財務局という監督当局の内部の連携の悪さが露呈した。地方財務局は基本的には財務省の出先機関で、金融庁・監視委からは事務の委任を受けているという建てつけになっている。当然、財務省への帰属意識が強く、どうしても金融庁や監視委との連携が円滑にいかない。財務局の業務は、国有財産管理と地域経済の調査や災害時の査定に加えて、地方の金融機関や地場証券会社の検査だったが、決まったマニュアルに基づく型通りの検査はできても、新種の商法や複雑な商品に対して問題点を把握する能力は不十分だった。

アーツ証券のレセプト債事件は、ＡＩＪ投資顧問のときと同じような展開となってしまった。複雑な金融商品や新奇な金融商品に対処する力がないのだ。「財務局でも優秀な人は金融庁や監視委に来てもらって、鍛えて戻すという人事をしているのですが、結局戻っても財務局の人事の都合で配属先が決まってしまうんです」（佐々木）。せっかく財務局における金融・証券検査の専門家を育てようとしたのに、財務局の人事ローテーションに乗って国有財産の管理に回されてしまう。これではプロフェッショナルは育たない。

それと同時に浮かび上がったのが地場証券の経営問題だった。

地場証券は伝統的に地方の富裕層向けの株式売買の営業をしてきたが、ネット証券が当たり前になるなか、いまどき対面販売で営業社員を相手に株の売り買いを発注するのは八〇歳以上の高齢顧客ぐらいしかいなかった。そうした優良顧客のお年寄りは続々亡くなるから、当然、顧客層は先細る。しかも亡くなった顧客の相続人は、たいてい都会で暮らしているため、預かり資産は解約され、資金は都会に送金されてしまう。

自己ディーリング取引で稼いできた地場証券もあったが、高頻度取引（ＨＦＴ）に対応できるシステム投資をする資金余力はなかった。光ファイバー網を使い、秒以下の単位で小口に大量に取引を発注する時代についていけなくなっていた。

株式営業にも自己ディーリングにも行きづまった地場証券が手を出したのが、アーツ証券が持ち込むような〝怪しい〟金融商品だった。地場証券の社長たちの勉強会のような集まりがあり、そこで「レセプト債という良い商品がある」と知って、相次いで導入したようだった。良い商品とは、販売に応じて支払われる委託販売手数料が潤沢だからだった。地場証券にとって喉から手が出るほど欲しい収益源だった。レセプト債ではそれが、各社合計で三十億円にもなった。田原証券は七百十人の客に五十六億円を売り、六和は四百二十人に三十三億円を、竹松は二百八十人に三十億円をそれぞれ売っていた。自分たちの長年の顧客たちにインチキ商品を推奨して売っていた。この状況を知って佐々木は「従来のビジネスモデルがもう継続できなくなっていたのです。それがあの事件の根本原因にありました」と振り返った。根本原因はビジネスモデルの破綻だった。「腐っている商品を腐っていると言わないで自分たちの顧客に売っている。これでは地場証券のビジネスモデルは破綻していると言っても過言でないかもしれません」と語った。

アーツ証券が問題になる少し前、関西を基盤とする高木証券が似たような危うい商品に手を染め、大失敗している。高木は〇八年、大証ヘラクレスに上場した不動産投資ファンド運営会社レイコフと組み、レイコフが組成した私募の不動産証券化商品を販売したが、サブプライム危機に由来する不動産ファンドバブルの崩壊によって、レイコフが経営破綻に追い込まれ償還できなくなった。レイコフと高木は、機関投資家しか投資しない不動産投資ファンドを、証券化することで小口化して一般の個人投資家むけに販売した。銀行からの借り入れも増やしてレバレッジを効かせていた。そうであるがゆえに値崩れしたときは、銀行融資の回収が優先し、それに比べて投資家の出資分が毀損しやすい商品設計になっていた。「レイコフ社長の不動産への目利きを過信してしまった。銀行ローンのほうが返済順位は上で、エクイティ（投資家の出資分）は劣後することになるので、今後償還するものはすべてデフォルトになる。自分も戒めていたが、驕りがあった」。高木の経営幹部は当時、私のインタビューにそう嘆息した（＊3）。レイコフの不動産証券化商品は、不動産価格が上がり続けないと、リターンが得られず、言い換えれば、ひとたび下がると大損するような商品設計だった。高木証券はレイコフの失敗によって得意先顧客を大損させて信用を失い、後に東海東京証券に吸収された。百四十年の歴史を誇る大阪の名門はかくして消滅した。

レセプト債事件も同じような末路を辿った。監視委の検査後、オプティファクターの児泉収やアーツ証券の川崎正が千葉地検に逮捕・起訴されると、地場証券各社には金融庁による行政処分が待っていた。おまけに、被害に遭った顧客から集団訴訟を提起された。体力のない地場証券はとても耐えられなかった。六和証券は一六年、同業の京都の地場証券の西村証券に事業譲渡した。おきなわ証券は沖縄銀行の傘下に入り、上光証券も北洋銀行の完全子会社になった。竹松証券は一九年、レセプト債の損害賠償業務を除くすべての事業を証券ジャパンに譲渡した。田原証券も同年、自力経営を断念し、損害賠償業務以外の全事業を名古屋市が地盤の同業の三縁証券に譲渡した。目先の手数料収入に幻惑された各社にとって、詐欺商法への加担は自らの命取りになった。

それは疲弊する地方経済の犠牲者ともいえた。「株式売買の仲介もディーリングもできないなかで何をやるのか。それが見つからない。もはや地場証券会社のビジネスモデルに持続性がないんです」と佐々木は言う。高齢化と人口減少によって地方経済の疲弊は深刻だった。地方経済の衰退はフロー（地場証券）だけでなく、ストック（地方銀行）もむしばんでいた。殿様商売を続けてきた地方銀行も泰然とはしていられなくなった。辣腕で知られる森信親が一五年、金融庁長官に就くと、ぬるま湯につかっていた地方金融機関の尻を叩くようになった。

地銀ならば同業他社との経営統合や合併など再編が当座の「解」になりえたかもしれない。しかし、地場証券はそれすらも難しかった。佐々木は行きつく先は「円滑な廃業しかない」と思っていた。

検査局廃止

証券取引等監視委員会の事務局長職は、金融・証券行政を歩んできた旧大蔵官僚にとって「上がり」のポストとなることが多く、そこからさらに昇進したのは、金融庁長官に昇進した五味廣文や総務企画局長になった内藤純一《ないとうじゅんいち》ら数人しかいなかった。たいていの事務局長は、そこで官僚生活を終えていた。だから佐々木も「そろそろ私も退任ですよ」と周囲に言っていた。謙遜ではなく、実際にそのつもりだった。

それが二〇一七年七月、森長官から「総括審議官をやってくれないか」と打診を受けて一転した。佐々木の口から思わず出たのは「え？　私でいいんですか？」だった。ずっと検査や調査など問題企業の監視や事件処理を担ってきた自身が、金融庁全体の人事や組織改革を受け持つ総括審議官に起用されるとは夢にも思わなかった。

在任二年になりつつあった（最終的には異例の三年間務めることになる）森は、カラフルなシャツを着て独特のヘアスタイルで、しかも傍流を歩き「事件屋」と見られがちな佐々木を、「キワモノ」視して排除するようなことはせず、むしろ佐々木の「キャラが立つ」点に注目していた。森はオーソドックスな秀才型官僚よりも異能の人を好んだ。いったん民間に転出していた堀本善雄《ほりもとよしお》を金融庁に戻すのにかかわったのも森だった。堀本は財務省・金融庁を退官してて金融機関向けコンサルティング会社プロモントリー・フィナンシャル・ジャパンに転じていたが、金融庁の中途採用の公募に応募する形で、米国流のリボルビングドア（回転扉）さながらに舞い戻った。金融庁のマクロ経済の分析能力を高めようと、日銀の屋敷利紀《やしきとしのり》を引っ張ったのもそうだった。

森が金融庁の検査のあり方に疑問を抱くようになったのは、彼が一三年に検査局長に就任してすぐのことだった。欧米の金融機関はリーマン・ショックで大打撃を受けたが、日本の銀行の不良債権は少なかった。それなのに金融庁の検査官たちは、不良債権処理の時代の一九九九年につくられた検査の手引書「金融検査マニュアル」を金科玉条とし、それに基づいて銀行を懲らしめることを使命だと思っていた。森は、そのスタイルがもはや時代には即していないと思えた。

「金融検査マニュアル」がつくられたのは、「ノーパンしゃぶしゃぶ」に象徴される当局と銀行との馴れ合いを廃し、検査官が透明性を持ったルールに基づいて銀行検査にあたるためだった。これをもとに検査官は銀行に検査に入り、不良債権の規模を把握し、必要に応じて引き当てを積むよう促した。当時検査部長だった五味廣文はそれを「レントゲン写真」と呼んだ。つまり不透明だった融資の実態を明らかにする手法だった。銀行融資がどうなっているのか正確につかみ、必要ならば公的な資金を投じるなどの形で、それにきちんと対処するのが、この当時の日本の国家的課題だったからである。検査官たちが担ったのは、日本経済の積年の桎梏《しっこく》になっていた不良債権問題を乗り越えるための、「国策検査」であった。

その半面、日本経済再生のためという正義を背負う検査官と、保身のため問題を先送りしてきた悪い銀行という勧善懲悪的な構図が成り立ちやすく、検査官は強権を振りかざしかねなかった。検査官の追及を逃れようと、不都合な帳簿を隠していたUFJ銀行は銀行法違反（検査忌避）で東京地検特捜部に刑事告発され、岡崎和美《おかざきかずみ》元副頭取ら三人が逮捕されると、このときにUFJを追及していた目黒謙一《めぐろけんいち》統括検査官は〝神話〟的存在となった。やがて検査局は成功体験から抜け出せなくなった。強権をふりかざす検察庁と同じような病弊を抱えていた。金融庁は検査して処分し、世の喝采を浴びることに慣れてしまった。金融界はそんな金融庁を「金融処分庁」と揶揄した。

五味が自身の「秘書みたいなもんだ」と可愛がった佐々木は、金融庁のキャリア官僚から、そうした検査全盛時代の「申し子」的な存在と見られていた。森が検査局のあり方にメスを入れようとしたときに、むしろ真っ先にその対象となりそうなのが佐々木だった。「佐々木さんへの評価は割れる。ダメという人もいれば、『これは問題だ』と察知する独特の嗅覚を買う人もいる」と佐々木の部下は言う（＊4）。佐々木の前任の監視委事務局長だった大森泰人はむしろ批判的で、佐々木や強権をふるいたがる検査官たちを「サルにマシンガン」ときつい言い回しで皮肉った。後に金融庁長官になる遠藤俊英《えんどうとしひで》も、検査官が検査先の金融機関で権力をふるうことに懐疑的だった。遠藤は監督局と検査局の合同の会議に出席した経験を振り返って、「検査に行った検査官が帰ってきて報告するのをひっくり返したり修正したりすることができないんです。検査の仕組みが検査官が権力をふるうようなものになっていた。金融行政として大切なのは、自分たちではなくて金融機関のはずです。それなのに金融機関をたたいてどうする、と思いました。主客転倒してしまっていると感じたんです」と語る（＊5）。

検査局と監督局は水と油だった。「検査局のほうには企画立案能力がなかったし、監督局は検査のことがわからない。まったく異質な組織が金融庁という持ち株会社の下にぶら下がっているという感じなんです」。そう、ある審議官は指摘する（＊6）。

森は一三年に検査局長になると、即座に「検査のあり方を時代にあったものに変えないといけない」と思った。「もう不良債権がだいぶ少なくなっていても、不良債権が問題だったときの検査のやり方を踏襲しているんです」(*7)。サイバーリスクなど新しいリスクに対応できるものにはなっていないと感じた。森が検査改革をすると言い始めたとき、そこで育ってきたにもかかわらず、むしろ佐々木はすんなり受け止めた。

森から見て、部下の佐々木は検査局改革に抵抗する守旧派には、とても見えなかった。「むしろ彼は金融検査マニュアルにはこだわりはないんです。検査マニュアルに即して、項目ごとに『……はできているか』とチェックするような検査は古いと佐々木君は思っていたんです。内部監査を高度化した欧米の事例を調べて、彼は『日本の監査も変わるべきだ』というようなことを言っていて、非常にいいことをやっているなと思いました」。佐々木は、そんな森の志向性と期待に応えることができた。

森とは異なる視点だったが、佐々木自身も金融庁の検査体制を疑問視していた。金融庁は、監督局と検査局という二つの局を通じて金融機関をモニタリングしてきた。監督局は金融機関から定期的な報告を受けながら指導し、検査局は検査官たちが乗り込んで実態を調査する。しかし、佐々木によれば、監督局と検査局という二つの部局に分かれて金融機関をチェックしている金融監督当局は、世界で日本だけという。

「監督と検査という機能は本来、一体であるべきものです。金融機関の実態を調査する手段を、書類だけで済ますのか、立ち入るのかという違いに過ぎません。海外ではこの機能は組織としては一つの組織、あるいは一つのチームで行われているんです」

当然、日ごろ接している担当者がその金融機関のことを一番詳しく知っているので、立ち入り検査が必要な場合はその人が行くことになる。日本はそうなっていないうえ、監督局に何度も説明したことを、検査に来た検査局の検査官に一から説明しなければならない。そんな二重行政のような問題もあった。こうしたことを佐々木は、森が検査局長に着任する前から気づき、講演で話していた(*8)。「検査が長かったから気づいたんです。九八、九九年ごろからそう思っていました。旧大蔵省の護送船団的な監督行政の名残のある監督局と、厳しいことを言う検査局は、本来は見ている方向は同じであるはずで、一体であるべきなんですが、役所の成り立ちで分かれてきたんです」。だから組織改革に対する抵抗勢力ではないつもりだった。

森は、旧大蔵省に多い学校秀才型の官僚に物足りなさを感じていた。その点、「我が道をゆく」の佐々木を好ましく思っていた。「だいたい大蔵官僚は、上から言われたことをそつなくこなすんです。でも佐々木君は自分で自主的に課題を設定して、それを追求していく。いつもランチも外の人と食べて世の中で起きていることを努めて知ろうとするでしょ。そこがいいと感じました」。佐々木は行政官として法案をつくったことはなかったし、与野党の政治家の根回しなど調整に長じていたわけでもない。そこだけをとると落第点だが、森は佐々木には別の得意科目があると見て、そこに高得点をつけていた。「サイバーリスク管理とか監査とか私は専門家ではないので、検査体制を洗練させていくうえでは佐々木君が適任かなと思ったんです」

かくして総括審議官になった佐々木が担った課題は、自身の古巣でもある検査局の廃止だった。「検査マニュアルを廃止して、組織改革をすることになりました。ふつう霞が関は自ら進んで組織改革をやらないんです。証券監視委の創設や金融監督庁の分離でもわかるように何か大きな不祥事が起きたときに受け身となって改革することはありましたが、そうした不祥事とは関係なく自律的に組織改革をするというのはないんです」。霞が関の省庁は、権益拡大の組織肥大化は大好きだが、組織の縮小や分割は大嫌いだった。それなのに金融庁は特に不祥事があったわけでもないのに、大きく組織を改めることになった。「森さん自身がペーパーを書かれて『金融庁のミッションは何なのか』と。金融機能を育成して国民の富を増大していくことがミッションのはずです。そのときに今までの検査でいいのか。マネーロンダリングとかサイバーリスクとか新しいリスクに対応できるようなプロ集団に変えていこうと。それは海外当局の動きを見てもそういう方向でした」。そう佐々木は語った。

コインチェック資金流出

総括審議官に昇進した佐々木にとって、本来の所掌である金融庁の人事や組織、予算以上に関心が向いていたのは、仮想通貨（暗号資産）だった。

監視委の事務局長時代をそろそろ終えようとしていた二〇一七年四月、いつものように情報収集と意見交換を兼ねて知り合いの弁護士とランチをともにしていると、「仮想通貨の世界がおかしなことになっていますよ」と耳打ちされた。少し前までは数万円だったビットコインの価格は十万円を突破し、なおも騰勢にあった。「これはすげーな」と思いつつ、「さて」と疑問を感じた。株式市場の常識でいえば、相場操縦とか風説の流布のようなことがありうる世界と思ったのだった。

佐々木が監視委に戻ってきて調べてみると、監視委が監視の対象としている新興上場企業R社（仮名）が仮想通貨ビジネスに参入しようと準備を始めていることがわかった。R社は、創業時の事業が競争力を失い、すっかり業態が変わり、株価を上げるストーリーがつくれる出来事なら何でも飛びつくようなありさまだった。監査も、問題企業の駆け込み監査法人として悪名高いところが請け負っていた。

監視委の部下に「仮想通貨は金融庁のどこが担当しているの？」と聞くと、「金融会社室です」という。消費者金融などを担当する部署だった。

すぐ室長に来てもらった。

「監視委からすると、仮想通貨の世界は相場操縦やインサイダーが起きそうに見えるけれど、どんな規制になっているの」

「対応する法律は資金決済法ですから、そうした規制はありません」

そりゃそうだ。

ちょうど同じころ金融庁は資金決済法を改正して、仮想通貨交換業者を規制対象にしたばかりだった。金融・証券分野の規制に限らず、日本の政策は欧米の後追いが少なくないが、仮想通貨に関する規制導入については世界に先駆けるものだった。ＦＡＴＦ（マネーロンダリングに関する金融活動作業部会）が一五年、仮想通貨を正規の法定通貨と交換する交換所に対して規制を導入するよう呼びかけ、監督当局による免許・登録制にするとともに、取引時の本人確認を義務化してマネロンに悪用されるリスクを予防するべきだとするガイダンスを示していた。しかし、どこの国も監督する機関が定まらず、ＦＡＴＦのガイダンスに従ってこなかったのが実情だった。そんななか、一四年に世界最大の仮想通貨取引所のマウントゴックス（東京・渋谷）で資金流出が起きて破綻する事件が起きた日本が、珍しく仮想通貨規制で先鞭をつけることになった。経済産業省や警察庁が互いに責任を押し付け合うなか、金融庁が所管を引き受けたのである。

仮想通貨業者を規制しようと改正された資金決済法が一七年四月施行され、仮想通貨交換業者に登録制を導入するとともに、口座開設時には利用者の本人確認を義務づけた。さらに顧客財産と業者財産を分別して管理することや、金融庁が立ち入り検査や業務改善命令を下すことができるようになった。

「キミ、この会社、知っている」。佐々木は、金融庁の金融会社室長に対して、監視委がずっとウォッチしているR社が仮想通貨ビジネスに参入しようとしていることを教えた。

「いや、全然知りません。仮想通貨業者は財務局に登録することになっているので、関東財務局の所管になります」

また財務局か――。金融や証券の世界では、当局が審査して大丈夫なところにお墨付きを与える免許制が一般的だったが、金融ビッグバンなど規制を緩和する動きが進み、登録しさえすれば誰でも容易に参入できる登録制が採り入れられるケースが増えた。登録の審査はあくまでも形式的なものにすぎず、それを利用して悪意を持った業者が参入し、市場を混乱させる事例は次第に増えていった。ＡＩＪ投資顧問もアーツ証券もそうだった。

「なんで、こんなハイテクなイノベーションの最先端の世界なのに、財務局に登録なの？最先端のテクノロジーは即グローバルだよ」

「登録制だったので財務局、ということになりました」

免許制なら本庁だが、登録制なら地方の出先の財務局という機械的な振り分けで、そうなったようだった。

これはまずいな。担当室長とのやり取りを通じてそう思った。


まだ監視委事務局長だった一七年五月ごろ、佐々木は長官の森に「仮想通貨交換業者をこのままにして大丈夫か」と聞かれた。長官は佐々木と同じ問題意識をもっていた。「何らかの対応をしないと、やばいですよ。こんな、従来型の登録の仕組みで、財務局が書類審査だけでパスさせて大丈夫ですかね。後で財務局も管理が大変になりますよ」と佐々木。森は独自のルートで情報を集めていて、関心を持って佐々木の話を聞いていた。

こうした経緯があったから佐々木は七月、総括審議官に栄進したものの、関心は仮想通貨に向いていた。法改正して制度として導入してしまった以上、きちんと対応しないと金融庁に跳ね返ってくる、と思った。森に「これは全庁的な問題にしてほしい」と掛け合って、佐々木が主導して仮想通貨に対処することになった。総括審議官に就任早々の七月、監督局、検査局、監視委、財務局、さらにサイバーセキュリティーの専門家や弁護士、会計士ら三十人余を集めた「仮想通貨モニタリングチーム」を発足させた。まずは地方財務局で進んでいた登録の仕方の見直しだった。「従来のやり方だったら一定の書式の書類を提出してもらい、それに対する書面審査のようなものだったんです。それを免許制や認可制とまではいいませんが、かなり厳しい事前審査に改めました」(佐々木)。

まずは業者の役員に面接してビジネスプランなどをヒアリングし、リスク管理の基本的な考え方を聞き出す。そのうえで利用者の情報管理やシステムの強度、マネロン・テロ資金供与対策などを書面や具体的な根拠を持ってこさせて書類審査する。さらに金融庁や財務局の係官が当該企業を訪問して現場の管理態勢を目視して確認する、というプロセスにしたのだ。

金融庁の検査官を実際に仮想通貨業者のオフィスに行かせると、案の定、気になる点が続々と出てきた。マネロンやテロ資金対策に対する基本的な知識がない。システムが脆弱《ぜいじゃく》でハッカーに簡単に攻撃されそう。経営者はまるで学生サークルのノリで緊張感が乏しい。いくつかの業者には佐々木も会ってみた。ノリの軽さに唖然とする。

「顧客から預かった資産で問題が起きたり、システム障害を起こしたりすると、日本の社会は許容度が低いよ」

「わかっています」

「失敗すると袋叩きにあうよ」

「はい、大丈夫です」

万事こんな感じだった。「はい、はい」「よくわかりました」とは言うものの、本当に理解しているかどうかは疑わしかった。

「とてもこんなところを登録させられないなと思うものの、登録制なので登録させないわけにもいかない、かといってあんまり変なのを登録させるわけにもいかない。だからそれなりにかなり精査したんですよ」

代表的な仮想通貨ビットコインの価格は四月に十数万円だったのが秋には百万円を突破していた。人気が爆発するなか、登録希望の業者は四十、五十社あったが、第一弾として登録できたのはGMOコインやマネーパートナーズ、ビットフライヤーなど十社だった。十二月にはさらにDMMビットコインなど五社を登録させることにした。希望していた業者の中からかなり絞り込んだのは、「これはまずいな」という会社を意識的に排除した結果だった。

気になる点があって登録されなかった業者の一つが、コインチェックだった。一二年に前身企業が創業され、ビットコインやNEM（ネム）など多様な仮想通貨を扱う交換業者だった。すでに大手の一角だったが、「取引システムが大丈夫かという懸念があって」（佐々木）、意識的に登録を先送りさせてきた。かといってすでに営業している事業を禁じることもできないので、「みなし登録」という運転免許の仮免のような状態にあった。いわば登録にいたるまでの経過観察措置だった。金融庁は、所管の関東財務局を通じてコインチェックにリスク管理態勢などの拡充を求め、それがきちんと履行されているかどうかモニタリングしていた。

するとコインチェックは、一七年十二月、タレントの出川哲朗を起用して「ビットコイン取引アプリ　ナンバーワン」と称する派手なテレビＣＭを打ち始めた。このころビットコインの価格は遂に二百万円を突破する異常な上昇を示していた。佐々木はすかさず「こんなＣＭを打って大丈夫か。射幸心をあおるようで危ないぞ」と思った。「取扱高の多いビットフライヤーとコインチェックの二社がネット上で互いに競い合うようにしていたんです。急激に取扱高が増えると、システムに負荷がかかって、仮想通貨の流出やマネロン、あるいはシステム障害など何か問題が起きかねません。非常にリスクが大きいと思ったんです」と佐々木。コインチェックを「要注意」とみて登録させないできたのは、システムの脆弱性も問題だったが、扱っている仮想通貨が多様でマネロンに利用されかねない点を心配したからだった。佐々木は、年明け以降、危うい仮想通貨業者に一斉検査に入ることを指示した。

金融庁は通常、免許や認可にしろ、登録にしろ、一、二年間ほど実際に営業をさせてから順次検査に入るというのが常だったが、そうした通常の取り組みとは異なり、登録をするかどうか検討中の段階での異例の検査だった。標的にしたのは、コインチェックのような「みなし登録」事業者十五社だった。

そんな準備を進めていた矢先だった。

二〇一八年一月二十六日金曜日の午前零時過ぎ、コインチェックが扱っている仮想通貨ネムがハッキングによって五百八十億円分（被害者総数二十六万人）も外部に流出した。社外の誰かがコインチェック社員のパソコンをマルウエア（不正ソフト）に感染させ、外部からネットワークに忍び込み、ネムの秘密のカギを盗み出し、それを使って資金を流出させたようだった（*9）。コインチェックが気づいたのはその日の正午ごろだった。あわてて金融庁に連絡してきた。それを聞いて佐々木は「やっぱりな」と思った。事前に準備をしていたから勝手はわかる。その日のうちにコインチェックに金商法上に基づく報告徴求命令を発出した。その三日後の二十九日には改正資金決済法に基づく業務改善命令を下し、二月二日にはコインチェックを含むすべての「みなし登録」業者十五社と登録業者七社の合計二十二社に無予告の一斉立ち入り検査に入った。

検査を通じて改めてわかったのは、佐々木が予期していたような危うさだった。一年前には一千億円程度だった預かり資産が、仮想通貨の相場上昇につれて急増し、七千億円にもなっていた。それなのに経営陣は他人の資産を預かっているという意識が乏しかった。中には役員が意図的に高値の買い注文を出すことによって、仮想通貨の価格を吊り上げる相場操縦めいたことも行われていた。利用者が反社会的勢力の人物であることがわかっていながら取引を継続しているケースもあった。顧客の資産と自社の資産の分別管理ができていないのは、ざらだった。どの事業者も金融にかかわっているという意識に乏しく、儲かりそうだからという安易な意識で参入してきたのは明白だった。「健全に育ってほしいとは思っていましたが、全般的に軽いところが多くてね」。佐々木はそう言って呆れていた。

コインチェックのスキャンダルを目の当たりにし、しかも金融庁の厳しい検査にさらされて、仮想通貨の「みなし登録」業者は耐えられなかった。一斉検査の対象となった十六社のうち十二社が登録の申請を取り下げ、一社については金融庁が登録を拒否した(＊10)。儲かりそうだからと安易な気持ちで参入してきた業者は、プレッシャーに心が折れた。金融庁から見て、暴力団のような反社会的勢力との関与が濃厚な業者もあった。

佐々木はこのときの検査結果を「中間とりまとめ」としてまとめる最中の一八年七月、さらに昇進することになった。金融庁は森長官の旗振りによる機構改革によって、従来の総務企画局、検査局、監督局の三局体制が、総合政策局、企画市場局、監督局の三局体制に再編されることになったのである。

佐々木はそこで新設された総合政策局の局長に就くことになった。日本は、仮想通貨を取り締まる法律を世界に先駆けて導入した半面、マウントゴックスやコインチェックなど大規模な不正流出を繰り返し起こした経験がある。コインチェックの問題が起きた後、金融庁が立ち入り検査した結果をもとに「中間とりまとめ」と称する報告書を作成すると、海外から「どんなことがあったのか詳しく教えてくれ」という問い合わせが相次いだ。「仮想通貨は瞬時にグローバルに移動するため、日本だけで規制をとりいれても有効とは言えません。そこで海外諸国と協議して仮想通貨規制の国際標準が必要ではないかと思ったんです」（佐々木）。イメージしていたのは、銀行監督の国際ルールを定めるスイスのバーゼル銀行監督委員会のようなものを日本につくることだった。「そういう国際機関を東京に誘致できたらいいな、と思って。それが当時の私の野望でした」。監査監督機関国際フォーラム（ＩＦＩＡＲ）の東京誘致に続く二匹目のドジョウを狙おうとした。

金融庁は、佐々木の発案で一八年九月、「暗号資産（いわゆる仮想通貨）に関する監督・監査ラウンドテーブル」を東京で開いた。海外に呼びかけたところ、ＩＭＦや米ＳＥＣなど三十ヵ国ほどの規制当局者が集まった。技術の進化や監督体制など四つのテーマについて当局者が互いの経験を持ち寄り、知見を共有する非公開の会議だった。

「仮想通貨規制は日本がイニシアチブをとれる数少ない分野なんです。アメリカは、仮想通貨が州をまたいで移動する場合、資金決済に関しては州が所管していますが、仮想通貨そのものを規制する機関が決まっていないんです。州にするのか、それともＳＥＣなのかＦＲＢ（連邦準備制度理事会）なのか、どこが受け持つか決まっていない。他の国も同じように、規制の必要性を認識していても、どの役所が担当するかはっきりしていないんです。それに対して日本は金融庁が担当することが決まっていて、しかも、いろんな経験をして知見を蓄積してきているので、この問題はリーダーシップが取れる分野なんです」

翌一九年九月には二回目のラウンドテーブルが、前回同様に四つのテーマについて東京で開かれることになった。この準備が最後の大きな仕事になった。開催二ヵ月前の七月に退官することになったからだった。三十六年間の官僚生活が終わった。「野望」だった仮想通貨の国際規制当局の東京誘致は、実現しなかった。

終章

二十年の総括

被害救済を訴えるスルガ銀行東京支店前での抗議デモ

（2020年9月2日、朝日新聞社提供）

二つの潮流

金融庁は二〇一八年、前身の金融監督庁の時代を含めて、設立から二十年が経った。

佐々木はこの間、財務省国際機構課企画官（〇一年七月〜〇二年七月）とＩＭＦ勤務（〇二年七月〜〇五年七月）の計四年間を除けば、ずっと金融庁とその下部機関に奉職し、官僚としての後半生は金融庁の歩みと重なった。開成高、東大、大蔵省に入省したところまでの歩みは当時のエリートコースだが、同じような受験エリート出身者が数多《あまた》いる大蔵省の同輩の中ではワン・ノブ・ゼムに過ぎなかった。「できる」と評される大蔵官僚にありがちな、政治家に振り付けして政治を動かすことにアドレナリンを放出するタイプではなく、そうした黒衣役は務まらなかった。しかも上意下達の軍隊組織のように個が埋没する風土は居心地が悪かった。

日本型エリートの世界から少しずつ軌道が外れていった理由の一つには、ＯＥＣＤとＩＭＦあわせて十年間の海外勤務によって彼我の官僚の世界の違いを知ったことにあった。日本の官界は毎年の定期異動によって一、二年でポストがころころ変わるが、海外ではそんな大掛かりな定期人事異動はそもそもやっていなかった。ＯＥＣＤもＩＭＦも各ポストに求められる職務があらかじめ決まっており、それに見合った人材が起用され、求められるプロフェッショナルとしての力を発揮する。それに比べると日本は、素人に近い役人が、人事のめぐりあわせで配置されるアマチュアリズムを延々とやってきた。

大蔵省（財務省）では上司から言われた指示を的確にこなすことが求められ、国会答弁やこれまでの政策との整合性を図るため、過去のできごとを詰めて調べることが重視されるが、海外はそうではなかった。あらかじめ、何を達成しようとするのか、実行計画（アジェンダ）を設定して、それにどうやったらたどり着けるのか戦略的なアプローチを考える。

「日本は、細かいことを一つひとつ覚え、あらかじめ答えが得られる問題を一生懸命〝正解〟にたどり着けるように努力するんですが、向こうは新しい課題にどんどん対応し、いち早く取り組んで自分たちでグローバル・スタンダードをつくっていこうというアプローチなんです。日本は和食の繊細な味付けなど細かいことは得意なのですが、大きな構想力をもつことが苦手なんです。向こうは多少、細部は雑でも、課題を示して解決策を考えようとする。それで国際ルールがつくられてグローバル・スタンダードになる。そういうやり方が上手いんです」（佐々木）。

消費税という税制にせよ、気候変動への対応策にせよ、固定価格買い取り制度による自然エネルギーの普及にせよ、課題を解決する政策を発明するのは常に欧米だった。金融規制のルールに限らず、無線方式など情報通信の仕様も会計基準も、グローバル・スタンダードをつくるのは常に欧米である。

日本は明治維新以降ずっとそれを受け入れる側にいて、オリジナルな政策立案力は乏しかった。特に大蔵省は自由に発想して新しいことに取り組むことが苦手な組織だった。金融政策に限っても、金融自由化、金融機関の破綻処理策、証券取引等監視委員会の設立、検査による金融機関の健全性チェック、あるいは課徴金制度の導入など、どれもこれも欧米、とりわけアメリカの政策の輸入だった。大蔵省は明治以来、先進国に学ぼうと海外の動向を調べ、それを輸入する文化だった。アジェンダ・セッティング自体を輸入しているため、自らアジェンダを考える発想になっていなく、海外事例や過去の取り組みから模範解答を学習しさえすればよかった。つまり「過去問」行政だった。官僚たちは、大学受験のときに赤本の問題集を参考に出題傾向を分析するような習性から抜け出せないのだ。

佐々木も、もともとは他の大蔵官僚と同じような育ち方をしてきたから同類なのだが、海外を知って日本型エリートの限界を認識し、〝変異〟した。無理して同調圧力に屈し、同じ色に染まっていたら、いずれ落伍したかもしれない。夜通し働き、法案を練り上げる制度立案力や与野党の政治家、業界団体をまとめる調整力といった大蔵官僚に必要とされることが得意ではなかった。「私の出来が悪いからかもしれませんが、あのまま大蔵省にいたら、どこへ行っていたかわかりませんね」と佐々木は言う。

だから結果的に金融庁が良かった。霞が関の新興官庁である金融庁は、自分たちの進路を白地のキャンバスに描かなければならないフロンティア精神の入り込む余地があった。東大卒のキャリア官僚だけでは、金融の専門的な世界にはとても対応できず、そうであるがゆえに発足時から中途採用に積極的だった。金融監督の任務を遂行するには、公認会計士や弁護士ら専門職、さらに大手銀行や証券会社、外資系金融機関からの転職組の力を借りなければならなかった。その結果として、中央省庁の中では多様なバックグラウンドを持つ人材が集まり、他省庁と比べて自由なカルチャーが形成された。金融庁は霞が関のベンチャー官庁だったのである。佐々木は、そこに居場所を見つけることができた。

大蔵省勤務時代、働きぶりがさほど目立たなかった佐々木だが、金融庁では一転して水を得た魚になった。庁内では「犯罪捜査的なことが好きな人」「事件屋」と受け止められ、独自のポジションを得た。長官になった五味廣文は「情報収集に精力的で、大蔵官僚には珍しい悪と戦う男」と言い、やはり長官になった森信親も「事件取材をしている記者みたいな独特の勘がある」点を買った。それはクレディ・スイスやクレスベール証券、数々の不公正ファイナンス事件や仮想通貨のコインチェックの資金流出問題などで発揮された。

ただし、金融行政は、一般的な刑事事件のようにはっきり犯人を「悪」と決めつけることができないことが多い。不良債権は、見方を変えればリスクをとって銀行が融資していたのかもしれない。融資先企業の不動産担保価値が落ち込んでいても、キャッシュを稼ぐ健全な力が残されているかもしれない。環境や状況によって異なる解釈が成立しうるので単純に善悪を割り切れないのだ。

金融庁において、佐々木が厳格さを伴って金融・証券界に対峙する「強硬派」だとすると、大蔵省時代からの業者行政の延長線上にある「微温派」も存在し、むしろ庁内ではこっちが多かった。護送船団の時代が長すぎたせいで、金融機関には常に当局の意向を忖度する習性が染みついていたし、金融庁側もそうした業者に対して保護者として振る舞いたがった。金融行政は、この二つの潮流の間を振り子のように揺れてきた。金融監督庁発足からしばらくは不良債権処理の加速が最重要課題だったから、検査局主導の「金融処分庁」と揶揄される時期が続くことになった。それに対して、権力を笠に着て強権をふりかざす検査官たちを「サルにマシンガン」と批判する声が上がった。そして、後に検査局は廃止された。

一時は世論が快哉《かいさい》を叫んだ金融庁の、不良債権問題解決のための検査だが、海外の金融当局は日本のやり方を冷ややかに見ていた。リーマン・ショック直後の〇八年十一月、麻生太郎首相はワシントンで開かれた金融サミットで、日本の不良債権問題の経験と処理策を参考にするように提案した。日本の提案は確かに宣言には反映されたものの、結局のところ、海外先進国はどこも日本のやり方を採用しなかった。

「日本の検査や不良債権処理が海外からはお手本にならなかったのです」と金融庁審議官級幹部（＊1）は指摘する。金融庁の検査官が捕物帳のように銀行に乗り込み、融資先を正常かそうでないか一つひとつ判定するやり方は、「無駄が多いうえ、経済に与える副作用が大きい」（同幹部）と他国では考えられた。日本がお手本にしたアメリカはリーマン・ショック後、金融機関にストレステストを実施させて、予測される損失を吸収する体力がない場合は資本注入する方策をとった。いちいち細かな査定などせず、思い切って資本不足を公的資金で補い、さらに経営陣を一新したほうが、経済を傷《いた》めないで済むというわけだ。日本の経験からすると、個々の貸し出し債権の厳密な査定をしない大雑把なやり方は、あまりにも杜撰《ずさん》に思え、アメリカ経済には二番底が来ると思われたが（私も当時そう思っていた）、結局、そうはならなかった。大方の予想とは異なり、アメリカはリーマン・ショックから意外に早く立ち直り、日本の失われた二十年とは対照的なV字回復を遂げた。コロナウイルス禍からの経済の回復も日本と比べて鮮やかである。日本はいつもそうだが、思い切ったことができず、対処策は細かすぎ、かえっていつもチマチマしたものとなった。日本的特質は金融行政にも表れてきた。

だからこそ日本型の検査に限界を感じた森は長官時代、金融処分庁から金融育成庁に舵を切ろうとした。銀行法第一条に「国民経済の健全な発展に資する」とあるように、金融行政の目的は金融機関の健全性の維持だけでなく、金融業を通じて国富を増大させることにもあると捉えなおし、金融機能の育成に軸足を移そうとした。

長引くゼロ金利によって銀行は、預金と融資の金利差による収益を得られず、経営が行き詰まっていた。解決策のひとつは、複数の金融機関の経営統合など再編だったが、こうもゼロ金利が長期化すると、再編効果は限定的にならざるを得なかった。再編による店舗統廃合や間接部門のコスト削減効果だけでは焼け石に水だった。

手詰まり感のあるなかで、金融庁がモデルケースとして紹介して推奨したのが静岡県のスルガ銀行だった。森は一七年五月、経団連会館で開かれた読売国際経済懇話会のセミナーでこう講演している。

森信親・金融庁長官は金融行政の改革を目指したが、スルガ銀行への過剰な肩入れが疑問視された（時事通信社提供）

「普通の銀行が貸さないような住宅ローン、たとえば転々と職を変える人とか、女性の単身の働き手とか、普通の銀行がなかなか貸さない人たちをデータ分析して高い金利で貸している。そういう特異なビジネスモデルによって継続的に高い収益率をあげている」(*2)

森を筆頭に金融庁内の幹部は、スルガ銀行のビジネスモデルを高く買っていた。

だが、スルガはすでに一四年の段階で、シェアハウス(共同利用できる賃貸住宅)に投資したい人に対して、預金通帳の偽造や収入を過大に計上するなど、あの手この手の不正に手を染めていた。シェアハウスへの投資家がスルガからの借り入れで建てたアパートは、「かぼちゃの馬車」ブランドのシェアハウス事業を営む新興不動産ディベロッパーのスマートデイズに貸し出され、スマートデイズがそこに主に若い女性らの入居を募るというサブリース方式をとった。後にスマートデイズが経営破綻すると、不正な方法で借金を背負わされた被害者(投資家)はスルガに債務の帳消しを求めて争うことになった。

金融庁内には、創業家出身で銀行業務全般を取り仕切っていた岡野喜之助副社長(一六年に死去)が存命中の時代は規律が働いており、喜之助急死後、営業現場が暴走したという見方が根強くある。しかし、喜之助自身が営業実績を過度に重視した人事を行い、そのため、営業の現場では極端な実績主義が横行し、パワハラも頻発する職場になっていた。喜之助は、スマートデイズの実質的な経営者が何度も計画倒産を起こしてきた前歴のある人間であることなど芳しくない情報を耳にした一五年二月、取引を停止するよう口頭で指示したが、営業担当の麻生治雄専務執行役員らは喜之助の指示を無視して、むしろ取引を拡大していった。麻生は、牽制機能を果たすべき審査部門の人事にまで介入し、審査機能を弱体化させていったうえ、シェアハウス融資拡大の成功報酬として基本報酬の十〜十二ヵ月分の賞与を得ていた（＊3）。スマートデイズ以外も含め、資料を偽造するなど手続きに不正があった融資は総額一兆円にも上った。おまけに創業一族の岡野家のファミリービジネスに五百億円近い不透明な融資もしていた。スルガは不正のオンパレードだった。

つまり金融庁が他の地銀経営者に推奨したモデルは、ひどい悪徳銀行だったわけだ。

森の後の長官となった遠藤俊英も二〇年七月の時事通信社「金融懇話会」で、下関市に本社を置く山口フィナンシャルグループ（ＹＭＦＧ）について、「金融庁の規制緩和をフルに用いて、コンサルティング機能や地域商社機能も含めて子会社をフルに活用して、地域の付加価値を上げようと具体的な展開をされている。私から見て成功例」と持ち上げ、配付した資料では「従来の銀行業からの脱却を意識した新たなビジネスモデルを模索するあり方のひとつ」と評価した（＊4）。

しかし、多角化を進めた山口ＦＧの吉村猛会長グループＣＥＯ（最高経営責任者）は、その一年後の二一年六月の株主総会当日の取締役会で、「特定企業との癒着や独断専行が目に余る」とクーデターに遭い、会長職を解任されてしまった。山口ＦＧは、銀行の本業とは関係ない観光振興法人や人材派遣会社を設立したり、農産物の生産や販売会社に出資したりしてきたが、何のノウハウもない新規事業がうまくいくはずがなかった。吉村がコンサルティング会社のオリバーワイマングループの日本代表に頻繁にコンサルティングを依頼したものの、その多くが取締役会に諮られることもなく、事業化の検討も満足になされないものばかりだった。

山口ＦＧの中核である山口銀行はその少し前、第一生命の「女帝」と呼ばれる高齢社員（特別調査役）の詐欺行為の舞台となっていたことが明らかになっている。彼女は年利三〇％という高利を売り物にして、ありもしない第一生命の「特別枠」への勧誘を募り、二十四人から二十億円近く騙し取っていた。こんな高齢の特別調査役の詐欺商法を後押ししてきたのが、十年間も山口銀行の頭取を務め、退任後も相談役、特別社友としてにらみを利かせてきた田中耕三だった。山口銀行を中核とする山口ＦＧはつまり、コーポレートガバナンスに非常に問題のある失敗例と言えるだろう。

金融庁が他の地銀に対して成功事例のモデルケースとして紹介したものが、こうも立て続けに問題事例や失敗例だと、監督当局の高官の目は節穴ではないかと疑われてしまう。金融庁に限らず、経済産業省もそうだが、実務を体験していない霞が関の官僚が机上でビジネスを評価しても、地に足がついたものにならず、しょせん空理空論である。民間企業で取引先に頭を下げて稼ぐ仕事が嫌だから公務員になった人たちが、どうすれば儲けられるのか、わかるとは到底、思えない。

スルガの件では、金融庁の検査部門に「スルガの貸出先に変なところがある」「他の地銀と比べてこれだけ収益があがるというのは何かおかしなことをやっているに違いない」と警戒する声があったが、そうした警告は生かせなかった。二〇一一〜一七年度に融資書類の改竄や二重契約など三十八件もの苦情が金融庁に寄せられていた（*5）。「外部からの情報提供を含めて『スルガ銀行はおかしい』という話はあったのですが、幹部が岡野光喜会長（喜之助の兄）と親しく付き合っていて、『はっきりした証拠がない限り余計なことは言わないほうがいい』という空気に流されてしまったんです」。検査部門に長く在職した職員はそう反省する（*6）。金融庁はスルガの件では腰が引けていた。詐欺まがいの行為に一般の投資家八百人が巻き込まれたのだから、実態解明のために早く抜き打ち検査に踏み切るべきだった。

佐々木もスルガの件になると歯切れが悪い。「いい事例を見つけてきて推奨したのでしょうが、全部を見ているわけではないので。こういうことがあると羹《あつもの》に懲りて膾《なます》を吹く感じで、ベストプラクティスを紹介することは難しくなるでしょうね」。金融庁は検査を通じてリスクを把握することはできても、「役所がビジネスモデルのところまでは……難しいでしょうね」。健全性や法令違反などに対処できたとしても、ビジネスモデルを立案する才覚がないことは、佐々木も承知していた。

ルパンと銭形

佐々木は、持ち場を転々とすることが多い日本型官僚機構の中にあっては珍しく、二十年以上も企業監視にかかわることになった。ランチタイムを活用して外資系証券会社やファンドマネジャー、弁護士らと個人的な情報網を構築し、それを自身の職務にも活用した。役所の外にあまり出たがらない人が多い官界では、これも珍しいことだった。相手にご馳走されることに慣れた官僚の中では、稀有《けう》といっていいほど彼は割り勘を貫き、自分の食事代は自分で払った。

長年の経験知があるため鼻が利き、情報提供してくれるネットワークもある。しかも偉そうにせず、人を見て分け隔てするようなこともない。だから「佐々木さんに」と持ち込まれるネタも少なくなかった。彼は、情報提供（タレコミ）を受け付ける金融庁の「社会部」だった。

こういう存在は珍しかった。大蔵省ではワン・ノブ・ゼムだったが、金融庁ではワン・アンド・オンリーだった。歴代長官は佐々木後継者の育成を検討課題とし、本人もその意識をもって後輩を指導したというが、結局、実を結ばず、「組織知」とはならなかった。ひとえに個人の趣味や嗜好性に依拠していたからだろう。好きなことをやっていたら、こうなったという存在だったからである。「佐々木さんは好きなことしかやらない」。取材で会った後輩の官僚たちは一様に同じことを言った。（もっとも、好きなことばかりをやっているという庁内評に、佐々木は「そうじゃないです。海外を知って日本がだらしないから、日本が国際社会で名誉ある地位を占めてほしいからやっているんです」と言っている）

ただし、行政官である佐々木は、一つひとつの事件の取り調べを直接したわけではない。そこが犯罪捜査ひとすじのベテラン刑事とは異なり、人間の業の深淵を覗き込んだわけではなかった。導き出される結論も、いささか教科書的なものになった。

佐々木は長い企業監視の経験から、不正を摘発する際に部下たちに「根本原因にさかのぼって考える」ことを求めた。表面に表れた事象の背後に何があるのか、複雑すぎてわかりにくい取引の本質は何なのか。目先ではなく、奥に潜むことに目を向けろ、ということなのだが、それを聞いた部下の中には「どうすればいいのかがわからない」と、まごつく人もいた。東芝もオリンパスも、あるいは破綻した山一証券やカネボウも、根本原因にさかのぼると、企業風土や社風、組織のDNAのようなことに行きついてしまう。根本原因にさかのぼって考えることは、評論としては成立するが、実務に携わる人からすると、どうやれば改善できるのか、あるいは予防できるのか、わからない。それがわかれば、企業側も自主的に体質改善を図れるのだが、そこに行きつく方法論や解き方が導き出せない。根本原因にさかのぼっての解決策は、おそらく佐々木自身も持ち合わせていないだろう。だが佐々木は言う。「青臭いかもしれませんが、表面的なことで思考停止するのではなく、根本原因追及の発想で考えることが重要なんです」と。

金融行政は一九九〇年代以降、規制緩和の歴史だった。がんじがらめに規制で縛られていた世界を徐々に緩めていき、大蔵省・金融庁の権限は縮小していった。限られたメンバーだった参加業者は激増し、金融庁が監督する相手は拡大する一方だ。以前から気心の知れた銀行や証券会社だけでなく、投資ファンドやヘッジファンド、仮想通貨業者、そして新たに誕生した様々なフィンテック事業者が加わる。新しい監督分野は、当局の意向を阿吽《あうん》の呼吸や以心伝心で忖度してくれるような相手ではない。規制を緩めれば、経済活動の自由度が増し、企業活況を呈すが、それに乗じた不正や犯罪も起きる。かといって規制を厳格に強めると、企業活動は萎縮してしまう。金融当局は常にこの二つの間を揺れ動き、そしてこの二律背反にいつも悩まされてきた。起きうるリスクを網羅的に洗い出して、事前予防できるはずもない。常に事件が起きた後に対処せざるを得なかった。

その意味では佐々木は永遠にルパン三世を追いかける銭形警部だった。

あとがき

私が佐々木清隆氏に初めて取材したのは二〇〇六年六月十四日、彼が証券取引等監視委員会の特別調査課長だったときである。ちょうど東京地検特捜部と監視委が共同でライブドアへ強制捜査に踏み切り、余勢を駆って村上ファンドも摘発した最中だった。

それまでの一年余りの日本は、まるでヒルズ族が経済を動かしているかのような熱狂が支配していたが、特捜部と監視委の捜査はそれを一気に鎮圧し、「根拠なき熱狂」は一瞬にして終息した。その捜査手法の是非はともかくとして、あれは時代を画する事件だった。

このときの取材で印象的だったのは、佐々木氏が現職の特別調査課長でありながら、きちんと取材に対応し、メモをとる私を制止することもなく、いわゆる「オフレコ」を求めなかった点である。その後も頻繁に取材したが、彼のこの姿勢は一貫しており、情報源の秘匿を隠れ蓑にした情報操作まがいのことは一切しなかった。逆に言うと、書かれて困るようなことは最初から言わなかった（あるいは、本書をお読みいただければわかるが、枢要なことを知らされていなかったという面もある）。当時の東京地検特捜部長が実は気が小さい男で、官舎に夜回りした際にやけにおどおどしていたのとは好対照であった。

以来、日本経済新聞社の社員によるインサイダー取引の摘発や東芝の粉飾決算、村上世彰への再度の強制調査など金融・証券事件が起きるたびに、佐々木氏に取材する機会があり、結局十五年の付き合いになった。氏が監視委事務局長時代の一六年のことだったと思うが、「自分ほど事件にかかわった人間はいない」という趣旨の言葉を漏らすのを聞き、「それなら『佐々木事件史』のような回顧録でもまとめられてはどうですか」と私が返したことがある。それからしばらくして彼は退官し、一橋大大学院で客員教授として授業をもつことになった。ところが二〇年春、コロナウイルス禍が広がり、彼は予定していた授業が中止になり、私も緊急事態宣言下、取材と称して自由に動き回ることができにくくなった。そこで四～五月、流行し始めたZoomを使って三回インタビューし、その回顧談を同年六月、朝日新聞朝刊経済面に「企業監視20年」として五回連載したのが、本書に至る経緯である。

互いに無聊《ぶりょう》をかこっていたときの、暇つぶしのような企画だったが、連載中から元閣僚や内部監査の専門家からご高評を頂き、講談社の編集者から「書籍にしませんか」と打診を受けた。その半面、「彼を取り上げるなんてわかっちゃいない」という苦言も金融庁内の数人から、主に私の後輩の記者に寄せられた。苦言の半分ぐらいは嫉妬に根ざした悪口ではないかと思うが、半分ぐらいは「批判する人もいるだろうな」と思えるものだった。なぜならば、佐々木氏は金融庁内で決して主流と言える官僚ではなかったからである。

本書をまとめるにあたって二〇一〇年七月以降、毎月一回、二時間強のインタビューを合計十三回おこなった。当初はインタビューをもとにした聞き書きである程度、対処できると想定していたのだが、本人が特段記録をとっておらず、記憶もあいまいなことがあるため、それだけには依拠できなかった。私の一九九八年以降の取材ノートやメモ、保管している資料、および、これに最も時間を割くことになったのだが、当時の関係者への取材、さらに裁判資料の閲覧などによって補強した。特に当事者への再取材によって、それまで明らかにされていなかったいくつかの事実を発掘できたのが、取材者としては想定外の収穫だった。佐々木氏本人は官僚の守秘義務に抵触したと疑われるのを懸念したが、個別の事件の詳細はこのようにほとんどが私の取材によるもので、個々のインタビューリストや依拠した資料の詳細は巻末に「注」として列挙した。

この企画を始める前から三つの点で氏と意見が対立することがありうると思っていた。一つは善悪、正義と不正義の価値判断である。「あれは悪いね」と見方が完全に一致することもあれば、「あれは本当に悪いのか？」または「なぜあれを摘発しなかったのか？」と、見方が一致しないケースがあると思っていた。もう一つは、彼自身が主体的に関与した事件と、それほど深い関与をしていない事件によって、「密度」が異なる点である。課長までの下役時代のできごとには自らが深く関与し、記憶もなまなましいが、上級管理職に昇進してからは、どうしても役所の内部調整のような話が多くなってしまい、要はあまり面白くならないだろうなと思っていた。三つ目は、高級官僚は本当にエリートなのかという根源的な疑問であり、日本の行政機関の能力への懐疑である。自動車メーカーや電機メーカー、あるいは新聞社や出版社もそうだが、複数の競合他社と相対比較できる民間企業と比べて、霞が関の省庁は独占事業体で相対評価をしにくい。つまり本当に優秀なのか、よくやっているのか、わかりにくい、という点である。こうした対立点や疑問点は誤魔化したり、あえて意見の一致をみたりすることなく、本文中にそのまま反映されている。

できあがった原稿は佐々木氏に査読してもらったが、彼は、私の二、三の事実誤認を別にすれば、自身にとって不愉快と思われる記述も含めて、私に修正を求めることは一切なかった。相当細かな注文や修正要求が来るかもしれない、そうなったら場合によっては断念もありうると覚悟していただけに、佐々木氏の度量の広さに驚嘆し、それと同時に感謝する。

二〇二一年九月。

酷暑の中、イヴァン・リンスとピンクフロイドの諸作を発表順に聴き、筆をおく。

著者

注

序章　エリートが輝いていたころ

＊1　「乱塾時代」79ページ
＊2　順天堂大の堀江重郎教授への電話インタビュー（２０２０年7月30日）
＊3　ＮＨＫ、１９８１年11月19日、ルポルタージュにっぽん「大蔵官僚の誕生」
＊4　「フォーカス」１９８１年12月11日号、「82年度大蔵省新入りエリートの骨相」
＊5　「週刊金融財政事情　創刊60周年特別号」２０１０年7月22日、「証言　米里恕氏」
＊6　『昭和財政史　第6巻　金融』１０３ページ
＊7　「週刊金融財政事情　創刊60周年特別号」、「証言　西村吉正氏」
＊8　「アナリスト」１９８２年7月号、インタビュー「自由化・機械化への対応を探る」
＊9　ここまでの宮本の話は「週刊金融財政事情　創刊60周年特別号」、「証言　宮本保孝氏」による
＊10　当時の担当者へのＺｏｏｍによるインタビュー（２０２０年9月3日）
＊11　『昭和財政史　第6巻　金融』１４７ページ、および「週刊金融財政事情　創刊60周年特別号」「証言　吉田正輝氏」による

第一章　最強官庁の揺らぎ

＊1　１９９２年2月29日付の日本経済、中部読売、中日3紙による
＊2　土田正顕へのインタビュー（２０００年5月12日）
＊3　ここまでは髙橋洋一へのインタビュー（２０２０年9月22日）
＊4　野村証券の当時のＭＯＦ担へのインタビュー（２０２０年9月28日）
＊5　松野允彦と三木淳夫、行平次雄のやり取りは、衆議院大蔵委員会（１９９８年2月4日）、衆議院予算委員会（同年3

月18日)、衆議院予算委員会(同年5月12日)の会議録などから構成

＊6　衆議院大蔵委員会(1991年7月25日)の会議録による。他の発言部分はいずれも当時の朝日新聞の報道による

第二章　舐められてたまるか

＊1　「ファイナンス」1995年10月号、「OECDによる市場経済移行国への支援活動について」

＊2　以下の五味廣文の発言は彼へのインタビューによる(2020年11月5日)

＊3　抜き打ち検査の模様は元検査官へのインタビューによる(2020年10月8日)

＊4　金融機関から転身した元検査官へのインタビューによる(2020年10月9日)

＊5　以下はクレディ・スイス信託銀行の元行員への電話インタビューによる(2020年10月20日)

＊6　クレディ・スイス・ファイナンシャル・プロダクツ銀行の元支店長への東京地裁判決による(2001年3月8日)

＊7　金融監督庁の式部透課長へのインタビュー(1999年11月2日)

＊8　＊4と同じ

＊9　＊5と同じ

＊10　国際証券の中澤信雄社長へのインタビュー(1999年11月5日)

＊11　国際投信投資顧問の武田悠専務へのインタビュー(1999年8月5日)

＊12　ここまでの記述は式部へのインタビューと、この当時私が入手した金融監督庁の資料などによる

＊13　＊3と同じ

＊14　中央大の野村修也教授へのZoomインタビュー(2020年11月19日)

＊15　＊14と同じ

＊16　＊11と同じ

＊17　＊7と同じ

＊18　ここまでのウィリアム・H・ロジャースに関する記述は、福光寛「プリンストン債事件について」とSECのホームページによる

＊19　クレスベール証券東京支店の瀬戸川明会長の記者会見による（1999年9月20日）
＊20　＊2と同じ
＊21　＊2と同じ

第三章　ヒルズ族鎮圧

＊1　元検査官へのインタビューによる（2020年10月9日）
＊2　ここまでは斉藤惇への電話インタビュー（2020年12月17日）
＊3　古賀茂明へのインタビュー（2005年9月21日）
＊4　「日経ビジネス」2004年11月8日号、「親を斬った中嶋は許せない」
＊5　宮原卓への電話インタビュー（2004年2月）
＊6　＊3と同じ
＊7　足利銀行の中央青山監査法人提訴の記者会見における春日寛弁護士の発言（2005年9月16日）
＊8　奥山章雄の発言は彼へのインタビュー（2020年12月15日）
＊9　カネボウ粉飾決算事件の東京地裁判決による（2006年8月9日）
＊10　中央青山監査法人に在籍していた会計士へのインタビュー（2005年9月16日）
＊11　フジテレビ記者からのメール（2021年2月3日）
＊12　小宮徳明のくだりはライブドア事件の第4回公判（2006年9月12日）における彼の証言、および彼へのインタビュー（2007年3月19日と20年12月28日）、さらに彼のブログ（ライブドア事件の真相）による。岡本文人のくだりは彼の公判の被告人質問（2006年7月25日）。赤坂和仁のくだりは彼の法廷での証言（2006年7月4日）による。宮内亮治のくだりは第6回公判（2006年9月20日）における彼の証人尋問による。および堀江貴文の判決（2007年3月16日）を参考にした
＊13　五味廣文への電話取材（2020年12月8日）
＊14　たとえば、朝日新聞2006年5月30日、「ニッポン人脈記　秋霜烈日のバッジ：1　ライブドアVS．名コンビ」

＊15　熊谷史人へのインタビュー（2020年12月25日）
＊16　堀江貴文への東京地裁判決による（2007年3月16日）
＊17　村上ファンドのくだりは村上裁判における本人の証言（2007年4月12日）、丸木強の意見陳述（2006年11月30日）、滝澤建也の証言（2007年2月27日、28日）などによる
＊18　『生涯投資家』131ページ
＊19　村上世彰からのメール（2021年1月10日）

第四章　私書箱957号

＊1　「民放」2008年8月号、「内部管理体制の構築を」（佐々木清隆）
＊2　楽天の國重惇史副社長と藍澤証券の阿部正博取締役への電話取材（2007年6月5日、11日）
＊3　中堅証券会社コンプライアンス部次長へのインタビュー（2007年6月11日）
＊4　「法と経済のジャーナル」2010年7月21日号、「証券取引等監視委員会・佐渡賢一委員長インタビュー」（村山治）
＊5　「金融財政事情」2008年3月31日号、「証券会社の疑わしい取引届け出は少なすぎる」（佐々木清隆）
＊6　佐々木の元部下への電話インタビュー（2021年2月16日）
＊7　ペイントハウスの不公正ファイナンス事件の東京地裁判決による（2010年2月18日）
＊8　「月刊日本行政」2010年7月号、「不公正ファイナンスへの対応」（佐々木清隆）
＊9　証券取引等監視委員会のホームページ「告発の現場から」による
＊10　トランスデジタルの民事再生法違反事件の東京地裁判決（2010年11月24日）と証券取引等監視委員会ホームページ「告発の現場から」による
＊11　リキッドオーディオ・ジャパンの大神田正文社長へのインタビュー（2000年3月21日）
＊12　＊6と同じ
＊13　別の佐々木の元部下へのインタビュー（2021年3月10日）
＊14　＊6と同じ

＊15　以下は主に深沢道広へのインタビュー（２０２１年３月17日）
＊16　参議院決算委員会会議録による（２０１２年４月13日）
＊17　以下は参議院財政金融委員会会議録の引用（２０１１年４月21日）
＊18　ダヴィンチ・アドバイザーズの金子修社長へのインタビュー（２００７年６月25日、９月４日）
＊19　大久保勉へのＺｏｏｍインタビュー（２０２１年２月13日）
＊20　九州石油業厚生年金基金がダヴィンチ側を訴えた東京高裁判決による（２０１８年４月11日）
＊21　以上の記述は主にＡＩＪ投資顧問詐欺事件の東京地裁判決による（２０１３年12月18日）
＊22　当時の金融庁課長へのインタビュー（２０２１年３月15日）

第五章　不正会計の連鎖

＊１　『月刊監査研究』２０１３年８月号、「公認会計士・監査審査会の活動状況と今後の課題」（佐々木清隆）
＊２　ここまでの記述はオリンパス第三者委員会調査報告書（２０１１年12月６日）、オリンパス監査役等責任調査委員会調査報告書（２０１２年１月16日）、新日本監査法人オリンパス監査検証委員会報告書（２０１２年３月29日）の記述に基づいた
＊３　あずさ監査法人の元担当会計士への電話取材（２０２１年５月６日）
＊４　証券取引等監視委員会元幹部へのインタビュー（２０１６年５月12日）
＊５　このあとの記述は『東芝の悲劇』及び、東芝の久保誠元副社長へのインタビュー（２０２１年４月23日）
＊６　佐々木清隆への取材（２０１６年２月29日）
＊７　読売（２０１６年７月15日）、産経（２０１６年７月18日）、日経（２０１６年８月16日）など各紙
＊８　佐渡賢一へのインタビュー（２０１６年８月30日）
＊９　ここまでの東芝の久保誠元副社長に関する記述は彼へのインタビュー（２０２１年４月23日）に主に依拠した
＊10　渡部賢一への電話取材（２０２１年５月25日）
＊11　「週刊エコノミスト」２０１６年12月20日号、インタビュー「佐々木清隆」

＊12　三浦恵美への電話取材（２０１５年12月７日）と渥美陽子へのインタビュー（２０１５年12月15日）
＊13　「村上世彰氏に対する相場操縦嫌疑事件に係る第三者委員会の調査・検証報告書」82〜83ページ
＊14　金融庁の元職員へのインタビュー（２０２１年３月10日）

第六章　仮想通貨の衝撃

＊１　アーツ証券の川崎正の千葉地裁判決（２０１７年３月18日）と東京高裁判決（２０１９年９月18日）による
＊２　東京地裁におけるレセプト債被害集団訴訟の準備書面などによる
＊３　高木証券の経営幹部へのインタビュー（２００８年５月13日）
＊４　佐々木清隆の元部下へのインタビュー（２０２１年３月10日）
＊５　遠藤俊英へのインタビュー（２０２１年６月28日）
＊６　金融庁審議官へのインタビュー（２０２１年３月25日）
＊７　このあとの森信親の発言は彼へのＺｏｏｍインタビュー（２０２１年６月24日）
＊８　たとえば『月刊監査研究』（２０１１年12月号）所収の講演録「金融検査の方向性と課題─23事務年度検査基本方針─」（佐々木清隆）
＊９　金融庁の「仮想通貨交換業者等の検査・モニタリング　中間とりまとめ」（２０１８年８月10日）による
＊10　衆議院財務金融委員会会議録による（２０１８年４月３日）

終　章　二十年の総括

＊１　金融庁審議官級幹部への匿名条件のインタビュー（２０２１年３月25日）
＊２　読売国際経済懇話会のセミナーを取材した朝日新聞社同僚記者のメモによる
＊３　スルガ銀行第三者委員会調査報告書（２０１８年９月７日）

＊4　金融庁ホームページ、遠藤俊英長官の講演「アフターコロナ時代の金融」の資料、および時事通信社「金融懇話会」動画による

＊5　衆議院財務金融委員会会議録（2019年2月19日）による

＊6　佐々木清隆の元部下へのインタビュー（2021年3月10日）

参考文献、論文・報告書、映画、新聞・雑誌

〈書籍〉

・足立風土記編さん委員会編『絵でみる年表　足立風土記』（1992年、足立区教育委員会）
・立教学院百年史編纂委員会編『立教学院百年史』（1974年、立教学院）
・財務省財務総合政策研究所財政史室編『昭和財政史　昭和49〜63年度　第6巻　金融』（2003年、東洋経済新報社）
・西村吉正『金融システム改革50年の軌跡』（2011年、金融財政事情研究会）
・毎日新聞社会部『乱塾時代　進学塾リポート』（1977年、サイマル出版会）
・本多勝一編『子供たちの復讐　上・下』（1979年、朝日新聞社）
・小林哲夫『東大合格高校盛衰史　60年間のランキングを分析する』（2009年、光文社新書）
・エズラ・F・ヴォーゲル『ジャパン・アズ・ナンバーワン　アメリカへの教訓』（1979年、TBSブリタニカ）
・朝日新聞経済部『大蔵支配　歪んだ権力』（1997年、朝日新聞社）
・栗林良光『大蔵省権力人脈』（1994年、講談社文庫）
・栗林良光『大蔵省銀行局』（1988年、講談社文庫）
・掛谷建郎『米銀の崩壊と再生　金融自由化の誤算』（1993年、日本経済新聞社）
・朝日新聞経済部『五〇〇兆円の奢り　素顔の兜町』（1989年、朝日新聞社）
・朝日新聞経済部『金満症にっぽん　経済大国の虚と実』（1986年、朝日新聞社）
・田中周紀『飛ばし　日本企業と外資系金融の共謀』（2013年、光文社新書）
・証券調査グループ・K『ドキュメント　証券不祥事事件　驚くべき証券業界の暗部を初めて公開』（1991年、第一企画出版）
・横尾宣政『野村證券第2事業法人部』（2019年、講談社＋α文庫）
・國重惇史『住友銀行秘史』（2016年、講談社）
・チームFACTA『オリンパス症候群　自壊する「日本型」株式会社』（2012年、平凡社）
・読売新聞社会部『会社がなぜ消滅したか　山一証券役員たちの背信』（1999年、新潮社）

・読売新聞社会部『会長はなぜ自殺したか　金融腐敗＝呪縛の検証』（１９９８年、新潮社）
・五味廣文『金融動乱　金融庁長官の独白』（２０１２年、日本経済新聞出版社）
・フランク・パートノイ『大破局（フィアスコ）　デリバティブという「怪物」にカモられる日本』（１９９８年、徳間書店）
・七尾和晃『虚業　小池隆一が語る企業の闇と政治の呪縛』（２０１４年、七つ森書館）
・ニコラス・シャクソン『タックスヘイブンの闇　世界の富は盗まれている！』（２０１２年、朝日新聞出版）
・日本経済新聞社編『経営不在　カネボウの迷走と解体』（２００４年、日本経済新聞社）
・高橋篤史『粉飾の論理』（２００６年、東洋経済新報社）
・種村大基『監査難民』（２００７年、講談社）
・淵田康之・大崎貞和編『検証　アメリカの資本市場改革』（２００２年、日本経済新聞出版社）
・日本経済新聞社編『米国成長神話の崩壊　ニューエコノミーは死んだか』（２００２年、日本経済新聞社）
・大鹿靖明『ヒルズ黙示録　検証・ライブドア』（２００６年、朝日新聞社）
・大鹿靖明『ヒルズ黙示録・最終章』（２００６年、朝日新書）
・村上世彰『生涯投資家』（２０１７年、文藝春秋）
・大森泰人『霞ヶ関から眺める証券市場の風景　再び、金融システムを考える』（２０１５年、きんざい）
・九条清隆『巨額年金消失。ＡＩＪ事件の深き闇』（２０１２年、角川書店）
・永森秀和『年金詐欺　ＡＩＪ事件から始まった資産消失の「真犯人」』（２０１３年、講談社）
・アダム・レボー『バーナード・マドフ事件　アメリカ巨大金融詐欺の全容』（２０１０年、成甲書房）
・大鹿靖明『東芝の悲劇』（２０１７年、幻冬舎）
・佐々木清隆編著『グローバル金融規制と新たなリスクへの対応』（２０２１年、金融財政事情研究会）

〈論文・報告書〉
・驛賢太郎「大蔵省銀行局の人事、専門性、政策　自由化志向の機関哲学の形成と継承」（２０１３年、神戸法学雑誌63巻3号）
・福光寛「プリンストン債事件について」（２０００年、成城大学経済研究１４８号）
・オリンパス第三者委員会調査報告書（２０１１年12月６日）
・村上世彰らに対する相場操縦嫌疑事件に係る第三者委員会「調査・検証報告書」（２０１６年３月25日）
・スルガ銀行第三者委員会報告書（２０１８年９月７日）

〈映画〉
・「マルサの女」（１９８７年、伊丹十三監督）

〈新聞・雑誌〉
・朝日新聞、毎日新聞、日本経済新聞
・アエラ

大鹿靖明（おおしか・やすあき）
ジャーナリスト・ノンフィクション作家。1965年、東京生まれ。早稲田大政治経済学部卒。88年、朝日新聞社入社。アエラ編集部などを経て現在、経済部記者。著書に第34回講談社ノンフィクション賞を受賞した『メルトダウン　ドキュメント福島第一原発事故』（講談社）をはじめ、『ヒルズ黙示録　検証・ライブドア』、『ヒルズ黙示録・最終章』（以上朝日新聞社）、『ジャーナリズムの現場から』（編著、講談社現代新書）、『東芝の悲劇』（幻冬舎）など。近著に取材班の一員として取り組んだ『ゴーンショック　日産カルロス・ゴーン事件の真相』（幻冬舎）がある。

金《きん》融《ゆう》庁《ちょう》戦《せん》記《き》

企《き》業《ぎょう》監《かん》視《し》官《かん》・佐《さ》々《さ》木《き》清《きよ》隆《たか》の事《じ》件《けん》簿《ぼ》

2021年10月26日　第1刷発行
2021年11月16日　第2刷発行

著　者　大鹿靖明《おおしかやすあき》
発行者　鈴木章一
発行所　株式会社 講談社　KODANSHA
〒112-8001
東京都文京区音羽2-12-21
電話　編集 03-5395-3522
販売 03-5395-4415
業務 03-5395-3615
印刷所　豊国印刷株式会社
製本所　株式会社国宝社

ISBN978-4-06-525911-5